大ヒットアニメで語る心理学

「感情の谷」から解き明かす日本アニメの特質

横田正夫
YOKOTA MASAO

新曜社

はじめに

『君の名は。』と『この世界の片隅に』が大ヒットしたことは記憶に新しい。日本のアニメーションは、これらの作品以外にも毎年たくさん劇場公開されており、話題に上ることも多い。子どもから大人まで巻き込んでしまうことも珍しくない。日本のアニメーションが、ここまで日本の観客に食い込むのかとただ驚くのみである。

しかしただ驚くだけでよいのだろうか。こうした作品を詳しく分析できれば、これらの作品を受け入れてきた観客の心理に近づくことができるのではなかろうか。なぜならば、作品を見て共感して、リピーターになっている人が多いということであろうから、そこには観客を引き付けるものがあり、観客はそこにのめり込み、魅せられている。魅せられるという状態にならなければ、二度三度観たいとは思わないだろう。もし魅せられる理由がわかれば、今の人々の心理がいくばくか理解できたことになるのではないか。

　これまでアニメーションの研究を続けてきて、キャラクターの特徴や作り手のライフサイクルと作品との関係について本にすることができた[1][2][3]。そこでは心理学的な方法論や心理学的な知見をもとにしてアニメーションを語っていた。心理学の応用としてのアニメーション理解であった。アニメーションも心理学を使うとこのように読めるよ、といった紹介でもあった。しかしそうした紹介では取りこぼすものがあまりに多い。というのも、例えばヒットしている作品について、なぜヒットしているのかについてのヒントがそこからは得られないからである。それではあまりに学問の立場が弱い。そこでここでは向きを変えてみたいと思う。これまでの私の行ってきたのは「心理学→アニメーション」（心理学をもとにアニメーションを語る）であったが、それを逆にして、「アニメーション→心理学」（アニメーションをもとに心理学を語る）にしてみたいのである。要はアニメーションというエンターテイメントを通してどのような現代の心理が見えるのかを問うてみたい。日本の作品では『進撃の巨人』、『君の名は。』、『この世界の片隅に』、外国の作品では『アナと雪の女王』を主な題材に考察する。また、ジブリ作品として宣伝され、良作でありながら日本で興業的な成功を収めることができなかった『レッドタートル　ある島の物語』も、対比のために取り上げた。

『君の名は。』は、夢の中で女の子が男の子の身体に入り、男の子は女の子の身体に入るという現象が描かれる。こうした現象は普通生じない。試しに大学院の授業の時に院生に「異性になった夢はある?」ときいてみた。あると答えた院生は一人もいなかった。もっとも院生の数は少ないので一般化できるわけではない。マンガでは性転換する主人公の話は繰り返し描かれてきている。たとえば高橋留美子の『らんま1/2』では、主人公の高校生格闘家早乙女乱馬が水を被ると女になってしまい、お湯をかぶると元に戻るという性転換を起こすことで生じるドタバタを描いて大ヒットし、一九八九年にテレビアニメ化され、これもヒットした。しかしそれは同じ個人が両性を体験するのであり、同じ自我でありながら状況によって性が変化する。その意味では心と体の関係に乖離があるわけではない。体験としての連続性は維持されている。しかし『君の名は。』では全く別人の、しかも異性の体の中に心が入り込むのである。異性の体の中に入り込むことは大林宣彦監督の『転校生』(一九八二年)においても描かれていた。大林宣彦は同作を二〇〇七年に『転校生──さよならあなた』としてリメイクした。

ある病院の症例検討会の時に、女性看護師の心が体の中に入ってきて、身体を操作すると訴える男性が紹介された。ここでの男性は、女性の心が自分の身体を操作すると意識しているので、『君の名は。』の事態とは異なってはいるが、しかし異性の心が体の中に入るという事態は同じである。日本のアニメーションの中で、異性の「心」の中に入り込むといった表現がなかったわけではない。平井和正原作で、石ノ森章太郎のマンガの『幻魔大戦』をアニメーション化したりんたろう監督作品では、ヒロインのプリンセス・ルナの超能力で、宇宙から飛来した宇宙の破壊者幻魔のイメージを投射され、それと戦って敗れたと思い込んで精神を破壊されてしまった主人公の東丈がいた。横たわる東丈を前にしてルナは、彼を失うわけにはいかないと、彼の心の中に入り込んでゆく。東丈は心の奥底で、幼児に退行し、姉の膝に抱かれて居すくまっていた。そこにルナのイメージが入り込んで、東丈の心を現実に引き戻す。心の奥底に逃げ込んでいた東丈は、ルナの導きによって意識を回復する。ここで示された異性の心の中に入り込む、ということとは、精神を病んだ心を現実に導くという治療者の役割を果たしていることになる。今敏監督の『パプリカ』においても夢治療を行う女性が異性の夢の中に入り込んで、心の治療を行う様子が描かれていた。ここにおいても心が入り込むのは異性の心の中であり、異性の体をコントロールすることはない。

異性の体ではなく、単に体に入ってそれをコントロールするという状況は巨大ロボットアニメに馴染みの事態である。例えば、『機動戦士ガンダム』では、ロボットの体の中に入り込んで、ロボットの体をコントロールする。それは『新世紀エヴァンゲリオン』でも同様である。人造人間の体に入って神経組織を連結することで、人間の心が、人造人間の体を動かすのである。

こうしてみると日本のアニメーションの中には心の中に入り込むというテーマと、体の中に入り込むというテーマが連綿と続いていることが理解される。そしてそこには心と体が分離しやすいという特徴があり、「分身」が生じやすく、その一方で心が異界に行ってしまうという事態が生ずる。そこでまず、日本のアニメーションで好んで描かれる分身の心理について、今から約二〇年前に制作されたある作品を例にして、現実世界の観客を魅了する、アニメーション世界におけるリアリティをひもといてみたい。

本書は先に述べたように「アニメーションをもとに心理学を語る」ことを意図しているが、このことはアニメーションの作り手にアニメーションがどのように人間の心に関連しているかを知ってもらいたいと思うからである。その意味では本書をアニメーションの作り手に読んでもらいたいと思っている。動きをもとに物語ることが、感情の飛越を体験させ主人公の回心を促し（第二章）、また「感情の谷」に落ち込む（第三章）ことを描くことに繋がっている。回心や「感情の谷」が日本のアニメーションで描かれる特質であり、それは作品を分析することで明らかにされる。

引用文献

（1）横田正夫（二〇〇六）『アニメーションの臨床心理学』誠信書房
（2）横田正夫（二〇〇八）『アニメーションとライフサイクルの心理学』臨川書店

(3) 横田正夫(二〇〇九)『日韓アニメーションの心理分析』臨川書店

大ヒットアニメで語る心理学——目次

目　次

■装幀＝吉名　昌（はんぺんデザイン）

第一章 アニメーション世界のリアリティ

『パーフェクトブルー』

分身は、もう一人の自分が登場する事態である。わかりやすい例は今敏監督の『パーフェクトブルー』（一九九七年）に見ることができる。この作品では、主人公の霧越未麻が、チャムというアイドルグループから独立し、役者に転身しようとしている。彼女は、追っかけファンによって熱烈に注目され、行動を逐一報告される自身に関するホームページを閲覧していた時に、そのパソコン画面からせり上がってくるチャムのコスチュームを身に着けた自分の姿を目の当たりにする。そしてそのパソコン画面から立ち上がったバーチャル未麻が、本物の未麻にむかって「私が本物」と語り掛ける。そして窓から飛び出て電柱の天辺をスキップして去ってゆく。

もう一人の自分が登場する、という衝撃的な出来事が、見事に描かれている。そしてこのバーチャル未麻が、現実の存在であるかのように、チャムの舞台に登場したりする。果ては、未麻のイメージに泥を塗るような役を作った脚本家などが殺される殺人事件が起こる。その殺人者は未麻の姿をしている。バーチャル未麻が犯行を行っているのか、本人が行っているのか、あるいは別の人なのか？　未麻自身が演じている役柄と同様に心理的な混乱状態となり、未麻は現実と夢との境が怪しくなる体験をする。

今敏監督の描く『パーフェクトブルー』に登場する人物たちは、どれもこれもあやしげなと

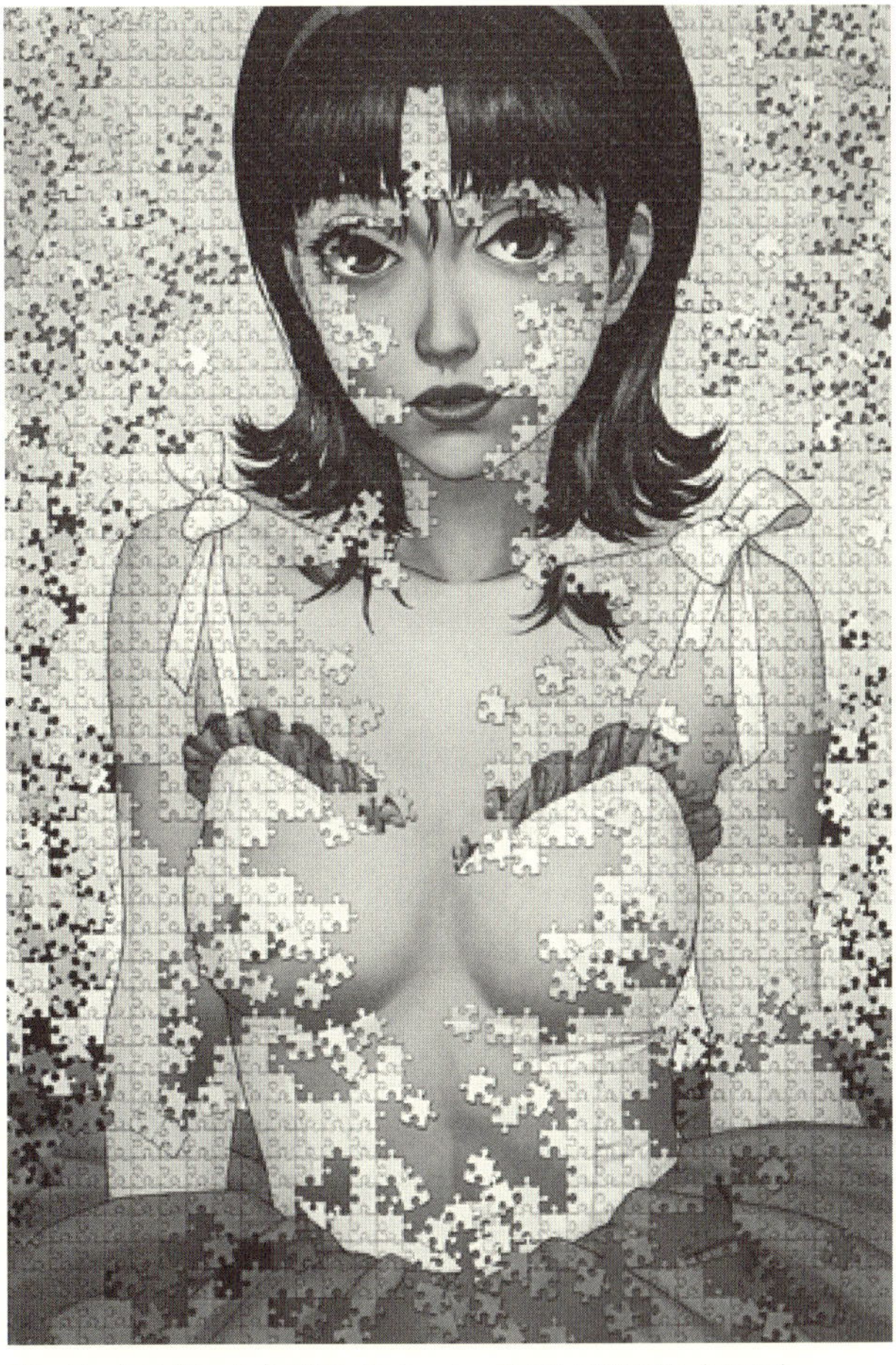

『パーフェクトブルー』のDVDジャケット。発売中3,000円（税抜き）。
発売元：マッドハウス，販売元：NBCユニバーサル・エンターテイメント
© 1997 MADHOUSE

ころがある。未麻ファンの男性は、顔が醜いが、熱烈なファンであるようで部屋中に未麻の写真が貼ってあり、未麻の記事の雑誌がうず高く積んである。彼がパソコンに向かっている背後から、チャムのコスチューム姿の未麻が抱きついている。彼にとって未麻は、彼を背後から抱きとめてくれる女性なのである。その姿は、まるで現実のものである。しかしここでの未麻は未麻ファンの男性の思い描いているイメージを具象化して示したものでもあるようであるし、あるいは先述のバーチャル未麻が出現してきたもののようでもある。その存在の在り方は曖昧である。

また殺人を犯した未麻の姿の人物は、現実の未麻に対面することになる。その時も、未麻はチャムのコスチュームを身に着けた自分ではない別の未麻の姿が見え、自分の部屋の佇まいが全く完璧に再現されている部屋の中でその未麻を見る。その後には、チャムの姿の未麻の実態が観客の目にも未麻自身の目にも明らかになる。とはいうものの、未麻は自分自身の姿に対面し、観客もその様子を目の当たりにする。

つまり今敏監督の行っていることは、ひとつの現実を、誰かの主観を通してみた時に、違って見えることがあるということである。未麻ファンが見ているのは、彼の見たいものであり、見たいものが目の前にあるかのように、監督も描いている。殺人を犯した人物も、彼女が思い込んでいるチャムの時代の未麻を思い描いているのであり、その思い込みを代弁して監督がその姿を我々に見せてくれている。しかしそれらは未麻ファンの願望であり、殺人犯の願望であり、見たい現実であり、まさに目の当たりにしている未麻のイメージであった。このように誰かの見たい現実のイメージ（未麻像）が、主人公の分身（未麻像）とダブるように描かれるので、今見ているのが誰かの見たい現実のイメージなのか主人公の分身なのかがわからなくなる。しかし、いずれにしても未麻ファンの願望のイメージも殺人犯の願望のイメージも、外在化されているように示されるので、姿は未麻像ではあるが、彼らの願望の投影したものであるから彼らの分身とみることもできる。とすると分身が二種類あることになる。ひとつは未麻自身の分身であり、他方は誰かの願望の表れとしての分身である。

ここでもう少し未麻の分身体験の成立過程を見てみよう。先述のように未麻はアイドルグループチャムの一員から独立して役者に転向しようとしている。その転向に不満なファンから手紙爆弾が送られてきて、未麻のスタッフが怪我をする事件が起きる。脅迫のファックスも自分の部屋に送られてくる。パソコン上には未麻の部屋というホームページが立ち上がっており、彼女の行動の細かな仕草まで書かれている。あまりの詳細さに、自分が書いたかと思うほどである。電車から降りる時にどちらの足から踏み出すかという細かなことまで正確であるので、ふと電車から降りる時にその記述を思い出し、誰かにつけ狙われているような不可解な気分に陥る。こうした出来事は、日常的に、誰かに見られているのでは、という猜疑心を起こさせる。

さらには演技のためにロケ現場にでる。その時、未麻はいつも目にする未麻ファンの姿が目に入り、見られていることを意識する。さらに役者として振られた役は、舞台上で客にレイプされるというショッキングなものであった。スタッフ全てに注目され、レイプ役の男性には、演技を中断した際に、声をかけられ、そのためさらに意識が高まってゆく。そしてレイプのシーンの演技が迫真なものとして演じられる。未麻のスタッフ達にも目を背けたくなるようなシーンであった。未麻は舞台上で放心状態となり、断片的にあたりの様子を目にする。

こうしてレイプシーンの演技を終わって部屋に戻った未麻は、こんな汚れ役はやりたくない、と内心思っていた彼女の激情が高まり、部屋の中を滅茶苦茶にする。そのとき未麻の分身が登場する。未麻のネガティブな感情が最高潮に達した時に、もうひとりの自分の姿が見え、彼女のやりたくなかった気持ちを代弁する。パソコンのモニターに自分の姿が映り、その姿が独立した人格であるかのように「あれが望んだ仕事？　サイテー!!」と顔を背けてしまう。こうした経緯の後で、先述した、パソコン画面にバーチャル未麻が立ち現れてくるのである。

以上のように未麻は、他者に見られているような異様な雰囲気を感じ続けていたのであり、その見られるという事態が極端になったのがレイプシーンである。役者としてどんな汚れ役も演じるということで手にしたレイプされるシーンは、逃れようにも逃れられない中で、スタッフ一同の視線を一心に浴びる。見られている未麻の身体が、他者の視線の前で、他者の持ち物のようになってしまった状況が生じた。激情が高まり、その結果、周囲の様子が自分には関係ない風景のように異質なものに変化して見えてしまう。その一方で、その身体から、身体が行っていた振る舞いを拒否するかのように心が抜け出てしまった。抜け出てしまったのが分身であった。激情が徐々に高まるような状況の中で、激情が極点に達した時、心の一面が身体から離れてしまって分身が現れた。

未麻の立場からみると彼女の激情が極点に達したとみることができる一方で、別の見方も可能である。先述したように、未麻はもう一人の未麻に遭遇した。それが殺人を犯した未麻の姿の人物である。この人物を明かさないでおくほうが初めて見る方には楽しめると思うのだが、この人物を明かさないとここでの論が進まない。実はこの人物は未麻の傍に寄り添って、未麻の面倒を見ていたマネージャーのルミなのである。彼女はもうすでに若くもなく、体型も太ってきている。その彼女が、未麻のコスチュームを身に着けて、未麻になり切って、殺人を犯していた。アニメーションでは太っているルミの姿の未麻を描いているわけではなく、ルミが未麻としてなり切った姿を描いている。そのため、未麻自身が殺人を犯しているかのようにアニメーションでは描かれている。ルミが未麻の姿をするのであるから仮装ということになるが、アニメーションの画面では未麻の姿そのものであるので化身というのが良いかもしれない。ルミの化身未麻が殺人を犯していたのであるから、この化身未麻がもっと早くから出現していたとしてもおかしくはない。未麻がレイプされるシーンをサブのモニターで見ていたルミは、そのシーンの激しさに大粒の涙を流して激情をこらえている。激情を体験した人がここにもいた。彼女はチャムの未麻のイメージが汚れてゆくことが我慢ならず、脚本家を殺害した人物なのであるから、その殺害を動機づける何かがないといけない。それが、未麻のレイプされるシーンを書いたからということである。チャムの未麻に自分を同一視しているルミが、未麻のレイプシーンに大粒の涙を流すのは、彼女自身の同一視している未麻に対してなのである。であるから、未麻が部屋に戻って部屋を滅茶苦茶にするのは、実はルミの化身未麻であってもおかしくはない。

もしそうだとすると、ルミが未麻に化身するのに二段階の心理的なプロセスが想定される。一つは、激情にかられ、未麻に化身し、未麻ならするだろうと思って（とルミ自身の本心を偽って）部屋をめちゃめちゃにする。このころのルミは、化身未麻からもとのルミに戻って未麻のマネージャーの仕事は続けられている。次には、未麻を殺害して未麻になり替わろうとする。そして未麻の殺害には失敗するが、ルミは未麻に心理的に完全になり替わってしまって、精神病院に入院することになる。ルミが見た、ガラスに映る自身の姿は未麻の姿である。ルミは未麻に化身し、コスチュームをつけることで未麻になったつもりになっていたのが、結果的に未麻自身になり替わってしまって、ルミに戻ることができなくなってしまう。

こうしてみると『パーフェクトブルー』は、未麻が分身をみる体験とルミが未麻に化身する体験が絡み合っていることになる。観客は未麻に寄せて見ているので、ルミの化身未麻がバーチャル未麻のように振る舞うと、そこに一貫性が感じられず、訳が分からなくなり、今のは誰？　と思う。心理的に不可解な思いに駆られる。

同じ一つの事件が、その事件に遭遇した人物の背景によって語りが変わってくるという、現実の持っている曖昧さを黒澤明監督は『羅生門』で描いていた。今敏監督は、黒澤明監督とは逆に、異なる人物の主観の目を通して、同じ体験をみているかのように描いて、現実の出来事の捉え難さを描いたということであろう。これはアニメーションとして全く新しい心理表現を生み出したことになる。

結局バーチャル未麻を分身として体験した未麻は俳優として開眼すると結末に示されている。分身としてのバーチャル未麻は、未麻の役者としての才能を開花させたらしいのである。しかし、ルミが未麻を襲うシーンでは、未麻を追いかけるルミは未麻の姿となっている。未麻の姿の時には軽やかに、障害物を乗り越えてゆくが、ルミの姿の時には現実の重力が彼女の身体に容赦なく襲い掛かるようにドタドタとした走りになる。ここでのルミの未麻への化身は、チャムの衣服を身に着けている生身のルミにバーチャル未麻がさらに憑依した状態でもある。バーチャル未麻として現れるときには、それは例えばルミがガラスに映して見た時の姿であるようにして知られる。バーチャル未麻が、身体を持たない精神だけの存在として、その精神が憑依する身体を探しているかのようなのである。こうしてバーチャル未麻の存在が描かれ、ラストで、ルミを見舞った未麻が病院の外の駐車場で、サングラスを外し、バックミラーに映し出され、「私は本物だよ」と呟く。この呟きは意味深長である。これではまるでバーチャル未麻が、現実の未麻に憑依して、演技者として語っているかのようである。未麻が俳優として成功した背景には、バーチャル未麻の憑依があったせいかもしれない。

キャラクターのリアリティ

今敏監督の描く『パーフェクトブルー』では、未麻というキャラクターの心のあり様が様々に描かれた。未麻の分身（未麻の受け入れがたい心の一面が分離したもの）としてのバーチャル未麻、ルミが思い描くルミのイメージに合わせて仮装した化身未麻（殺人を繰り返す）、そしてルミの意識はなくなり完全に未麻になり替わってしまっている変身未麻（精神障害者として病院に入院）、そしてバーチャル未麻が憑依した憑依未麻（未麻を追いかけていた時のルミや、俳優として開眼した未麻）である。これらのいずれも同じ未麻のキャラクターが使われる。本来キャラクターは、物語をリードする存在であるので、固定した安定した性格を持つものであろうし、そうでないと物語に観客がのめり込んでいけない。しかし今敏監督は、キャラクターの存在そのものを曖昧にするという新しい技法を使用して、観客を物語にのめり込ませることに成功した。キャラクターそのものを曖昧にするとはどういうことかというと、多くの登場人物が同じキャラクターをリアルに思い浮かべるということである。

繰り返しになるが、主人公の未麻のやりたくない気持ちを代弁する未麻イメージがあり、未麻ファンのあこがれの対象としての未麻イメージがあり、ルミの持っている清純な未麻のイメージがある。同じイメージが、未麻のキャラクターとして我々観客の前に立ち現れる。未麻イメージは、清純な未麻イメージを破壊する脚本家を殺害する殺意を込めた化身未麻、汚れてしまった未麻になり替わろうとする清純な気持ちを代弁する憑依未麻、などとして表現される。それぞれの未麻イメージは同じ姿として描かれるが、その姿が様々な激情を受け止める受け皿としての機能を果たしている。

そして、そうした激情に観客がのめり込める限りでは、物語の進行についていける。主人公の存在の一貫性が物語の進行を維持するのではなく、キャラクターの体験する激情がその時々の状況に合わせて観客を巻き込んでいければ、その限りで物語の進行が保たれる。その分、主人公のキャラクターは、空虚であるのが望ましい。実際に、未麻は、俳優として演じているのが多重人格の役なのである。今の自分が、複数ある自分の中のどの自分なのかわからない。まさに複数の未麻（バーチャル未麻、化身未麻、変身未麻、憑依未麻）があるのと同様である。

映画理論で教えることとは、映画的地平や映画的時間をいかにつくるかということである。[1]それは論理的な画面構成であり、論理的な時間展開を如何に進めるかということである。今敏監督の行ったことは、映画的地平や映画的時間を壊しても、激情が画面をつなげていれば、観客はそこに巻き込まれ、客観的に論理的に物語の進行がおかしいと考えられるような場合でも、話の展開に引きずられることを証明してみせたということである。アニメーションでは映画的地平も映画的時間もどうでもよい。キャラクターの激情が、観客を引き込み、キャラクターの激情に観客が同化してしまえば、映画的空間あるいは映画的時間といった論理的展開は無視してもアニメーションが成り立つということである。

そのために最低限必要なことは何かということである。それはアニメーションの動きのリアリティであろう。キャラクターが動く、その動きのリアリティが保たれていれば、例えばバーチャル未麻であれば、バーチャルであることの軽やかさ、現実空間の重力の制約を感じさせない動きが伴えばよい。バーチャル未麻は電柱の上をスキップするように、未麻の部屋から飛び去って行った。その軽やかさが、動きの中に感じられることができれば、バーチャル未麻という存在が、観客には現実となる。アニメーションにおいて重要なことは、結局『パーフェクトブルー』によれば、キャラクターの体験する激情であり、その激情を観客が共感することであり、そのキャラクターがあり得ると感じさせる、キャラクター独自の動きが作られているということになろう。

アニメ評論家の氷川竜介は今敏監督を「『現実と虚構』の間に潜むものを徹底して追及する作家」[2]と位置づけ『パーフェクトブルー』における虚構はアイドルのこととしている。つまり虚構（アイドル）を捨てて実（女優）を取る作品とみなしている。現実と虚構を中心に論を展開するアニメ評論家には藤津亮太がいる。彼は未麻の部屋を例に挙げ、部屋の描き方が細部にまで細かく神経が行き届いていることを紹介し、その部屋をルミが全く同じに再現しているのを「偽物＝虚構の産物」と規定する。[3] こうした規定は主人公未麻を中心に考え、彼女の本心を実とし、あるいは彼女の部屋を本物と見ているということである。しかし、見方を変えて、バーチャル未麻からすればアイドルが本物であり、ルミにとっては再現された未麻の部屋は本物である。ここでの本物は、心理的にその本人にとってリアルであるということである。なぜならば、本人はそうでなくてはならない必然性を切実に感じ、強く感情に色づけられ、それ以外にはありえないと思われているのであるから、それ以上のリアルはない。物理的空間を現実とするならば、バーチャル未麻は非現実であり、未麻が本物ならばルミが未麻になろうとするのは嘘ということになる。それを心理的空間という考えを導入すると、一転して、バーチャル未麻もルミの部屋もリアルとなる。今敏監督の行っていることは、どんなものでもその個人にとって心理的にリアルなものがあり、それは感情的に強く色づけされている、ということなのである。その心理的空間において、願望し想像すれば、リアルに成立しないものはない。ルミのように未麻に変身できる。こうした心理的空間を物理的空間の代わりに導入すれば、『君の名は。』で描かれた、物理的空間にいる我々が感じた不可解は無化される（本書第五章参照）。その議論は後にとっておき、ここでは心理的空間をアニメーションに導入し、今敏監督がサイコホラーをまったく新しく組み立てたことを覚えておいてほしい。

ストーカーのリアリティ

ところで『パーフェクトブルー』の原作[4]では少年がストーカーをする話であるが、アニメーションではストーカーされる側からの話になっている。『パーフェクトブルー』が制作された当時のマッドハウスの丸山正雄は、「追われている側の女の子が、追われているのか、追われていないのかわからないという状況に変更した。要はサイコホラーをやろうと思ったわけです。そこで、僕が今監督に注文したのはひとつだけ、わけのわからない話にしましょうと言っただけです[5]」と語っている。そしてその目論見は見事に成功した。

こうした制作にまつわる話を聞くと、先述した未麻ファンが、実はストーカーだったことがわかる。熱烈な未麻ファンは、未麻につきまとうストーカーだった。しかしアニメーションでは、未麻が心理的に追い詰められてゆき、その追いつめられてゆく過程で彼女が眼の片隅に彼の姿を影のような陰影として捉えるのであるから、彼の姿は未麻の目にした幻影であるともとれる。バーチャル未麻が未麻の見る光の姿であるとすれば、男の幻影は、光に対する影である。

ストーカーは内田という名前を持つ男性であった。彼はアニメーションの出だしで、チャムの出演する舞台の裾で、会場警備をおこなっている。その彼が、未麻が出現した舞台に面して左手をあげ、手のひらの上にのるように未麻の姿を捉え、至福の表情を浮かべる。そしてチャムの舞台を、ぶち壊しにしようとする若者達に対して立ち向かう。その内田の姿に対して舞台上の未麻が謝意を表し、それを目にした内田は満足げな表情を浮かべる。こうしたシーンが描かれるのである。これらのことは内田が、未麻を目にして、至福な時間を体験し、未麻の謝意に満足を感じ、未麻を女神のように思っているのであり、内田の体験は心理学でいう至高体験である。自身の内面を高めてくれるような至福な体験を未麻から得ている。こうした彼がストーカーになる。そこには彼の心を破壊する何かがあったことになろう。それは彼に至高体験をもたらしたチャムの一員としての未麻のイメージが、汚れ役の役者としての未麻に壊されてはならないという心理であろう。つまりチャムの未麻が、内田にとっては心理的なリアルなのであり、役者としての未麻はそのイメージの破壊者なのである。破壊者は、破壊されなければならない、と内田が感じるほど、彼の持っているチャムの未麻のイメージは、リアルなのである。そのリアルの内田のイメージが、バーチャル未麻を目にしたことで、より強固なものとなる。未麻がチャムをはなれてもなお、チャムの舞台に登場したバーチャル未麻を、内田は目の当たりにし、至福感を再体験する。ここで登場したバーチャル未麻は、舞台を目にしている観客の共有した体験なのである。それはその時点で虚ではなく、実である。観客たちにとってはまさにリアルなのである。現実の未麻がその場にいるはずがない、と知っている映画の鑑賞者にはバーチャル未麻は虚であると知れるが、バーチャル未麻を現実に目にしている観客には、虚と判断する根拠はない。である以上、内田が目にし、その他の観客が目にしたバーチャル未麻は、心理的現実である。

つまり繰り返しになるが今敏監督は、心理的現実しか描いていない。物理的空間を想定したい観客には、虚に見えることでも、登場人物たちには虚ではありえないリアルさを持つと描いている。とするならば、内田の攻撃性は、未麻のイメージの破壊者である役者を選んだ未麻に向かうことになる。バーチャル未麻は、内田にパソコンからその日の未麻の行動を伝え、内田はミーマニアのハンドルネームでそのバーチャル未麻の語りをそのまま載せて、未麻の部屋のブログを更新していた。内田の考えを背後から操っているのがバーチャル未麻である。そのバーチャル未麻が内田に「あれは私じゃないの！偽物なの！」と語り掛ける。その語りに内田は「本当の未麻りんは僕が守ってあげる」とモニターに入力する。そしてバーチャル未麻がさらに「でも偽物が私の邪魔ばかりするの、どうすればいいの？」と問いかける。内田は「僕が始末する」とやはりモニターに入力する。こうして内田がストーカーとして未麻につきまとい、内田がブログの更新者ミーマニアであると知らなかった（バーチャル未麻はミーマニアに優しく語りかけていたのに対し）ことを理由に本物の未麻を偽物と断定し、衣服を剥ぎ、レイプしようとする。内田にとって、彼に優しく接してくれるパソコンを介して対応するバーチャル未麻がリアルであり、目の前にいる肉体を持った未麻はリアルではない。であるがゆえに暴行を加えてもよい。

内田とバーチャル未麻の関係は、肉体を介在させない、パソコンを通してのものである。その分、バーチャル未麻は、内田の想念を操作し、内田の情念を強める力を持っている。通常、社会への適応は、想念や情念を抑え、現実からの要求に合致するように行動することで得られるが、内田にはそうした現実からの要求に合致した想念や情念を抑える力がない。レイプという社会的通念に反する行為を起こすには、それを無視させる強い情念が必要であろうし、その喚起において、バーチャル未麻を守るという内田の使命が、彼の行為の正当性を、彼の中で、保証する。この意味では、バーチャル未麻が内田の体の中に入って、彼の身体を操って、暴行を起こすというわけではない。

これに対し、先述した、ルミが化身した姿はどうであったかを思い出してほしい。ルミは未麻の姿になり、未麻を殺害しようとした。つまり未麻の姿の中にルミが含まれているということである。未麻の身体にルミの心が宿っている状態としてアニメーションでは描かれる。

内田とルミを比較すると、内田はバーチャル未麻の身体の中に入り込むことはなく、逆にバーチャル未麻が内田の体の中に入り込むこともなく、両者はあくまでも空間的に隔たった状態にあるが、ルミは未麻の体の中に心が入り込んでいるとみることができる。一般化すれば、同性同士であれば、心が身体の中に入り込む状態が起こるが、異性間では体の中に心が入り込むことはない。

情念の受け皿

こうした心と体の交換関係を『君の名は。』につなげて考えると、『パーフェクトブルー』では同性間で心と体の移行が可能なように描いているが、異性間ではそれが描かれていないという点で、『君の名は。』の前駆形態をなしているとみることができよう。『君の名は。』では『パーフェクトブルー』で障壁としてあった異性間での心の体への移行を容易く行えるようになってしまっていた。（とはいうものの『パーフェクトブルー』の原作者竹内義和の『PERFECT BLUE 夢なら醒めて』所収の短編『夢なら醒めて[6]』では、アイドルの録画した映像を熱心に見続けるファンが、あるとき気づくとそのアイドルの体の中に入り込んでいる自分を発見するというホラーが描かれている。男女の障壁はそれほど強固ではないらしい。）『パーフェクトブルー』では、未麻ファンによって、未麻が恐怖を体験するサイコホラーであるが、この作品の状況が逆転すれば『君の名は。』の事態が生じないだろうか。つまり、男性が女性に同化し、女性はその男性に同化するという事態に恐怖を感じ、その体験を恐れれば『パーフェクトブルー』のサイコホラーに近づくであろう。身体の中に他者の心が侵入するという体験に繋がるのであるから、それは未麻ファンが感じた、身体に迫ってくる恐怖よりも自我が崩壊する恐怖に至ると思われる。それは精神障害の体験に通じるものである。しかし『君の名は。』では、むしろ身体の中に入り込んでくることが、好意を高めることになってしまっている。お互いに好意を持てば、身体の中に入り込んでくる体験は、その好意がより高まる結果に至る。

今敏監督作品から見えてくることは、アニメーションのキャラクターは登場人物たちの情念を受け取る受け皿であり、その情念に観客が同化できればキャラクターは生き生きとしてくるのであり、情念の受け皿であることを背後で支えるのがキャラクターの動きの表現であるということである。キャラクターの動きと描かれる情念がマッチすれば、映画的空間と時間（物理的空間と時間をモデルにしたもの）を無視したアニメーション空間と時間（物理的空間と時間を無視して成り立つ）ができあがる。

『パーフェクトブルー』では一瞬の間にバーチャル未麻という分身が成り立つ状況が描かれていた。このことは一瞬の内に意識の変容状態が生ずることを示している。『パーフェクトブルー』の公開された一九九七年当時は、未麻がパソコンを購入し、ルミにパソコンの使い方を教えてもらい、未麻はインターネットでホームページを始めてみたのであり、内田はEメールのやり取りをしているが、未麻はまだEメールを使いこなしていない状況にある。つまり、パソコン通信が始まりだした時代のアニメーションであり、その時代のネット上の存在としてバーチャル未麻が出現したともとれる。ネット上の架空のキャラクターは、初音ミクのように、今では馴染みのものとなっている。そうしたキャラクターの前駆をバーチャル未麻が示している。しかし、バーチャル未麻は、他者に憑りついて殺害も行うのであるから、その意味では古典的な幽霊としてみてもおかしくはない。現代的な装いの幽霊がバーチャル未麻と考えれば、現代の怪奇譚としての装いをもって登場したことになる。いずれにしても、そうした現実に根差さない存在に対して、多くの場合恐怖を体験するが、しかし初音ミクに代表するように、そこにアイドルの要素を見出すこともできる。その存在が、見る人の感情を受け取る受け皿になって、恐怖の感情の受け皿となったのがバーチャル未麻であり、好意の対象となったのが初音ミクであろう。

未麻がバーチャル未麻を見るのは一瞬の間に生じた出来事である。その意味では未麻に一瞬の間に意識変容が生じた。しかし、意識の変容状態が生じるのには長い時間を必要とすると述べる作品もある。そのひとつの例が高畑勲監督の『太陽の王子ホルスの大冒険』である。

引用文献

(1) 岡田晋（一九七五）『映画と映像の理論』ダヴィッド社
(2) 氷川竜介（二〇〇七）生活の細部が喚起する恐怖.『キネ旬ムック　プラスマッドハウス①今敏』キネマ旬報社　一〇～一一頁
(3) 藤津亮太（二〇〇七）未麻の部屋から見えるもの.『キネ旬ムック　プラスマッドハウス①今敏』キネマ旬報社　九〇～九三頁
(4) 竹内義和（一九九一）『パーフェクトブルー――完全変態』メタモ出版
(5) 丸山正雄（二〇〇七）Interview.『キネ旬ムック　プラスマッドハウス①今敏』キネマ旬報社　一二八～一三五頁
(6) 竹内義和（二〇〇二）『PERFECT BLUE　夢なら醒めて』主婦と生活社

第二章

主人公の回心

『太陽の王子ホルスの大冒険』

『太陽の王子ホルスの大冒険』（一九六八年）では、第一章でとりあげた分身に関連した表現として、見ている対象が分裂してゆくことが描かれる。主人公のホルスが、悪魔の手先として働くヒルダによって「迷いの森」というところに突き落とされる。この迷いの森は、心の中の世界としてではなく、現実世界の一角にある場所のように描かれているが、ホルスはここでさまざまな異常体験をもつ。森のような木々の中に浮動しているように見えたり、水につかっているように体験したり、村人たちに追われるようにも体験する。そうした体験の中で、ヒルダの姿を目にする。そこにはいるはずのないヒルダの幻覚を見る。このヒルダが、瞬間的にたくさんの体に分かれてゆくように見える。ここでのホルスの体験は、ホルスの心が生み出したものである。ホルスの心が生み出したものであれば、そこには彼自身の一部が投影されている。全てがホルスの分身なのである。ヒルダが拡散して沢山の姿になることが、村人たちの心がバラバラなことの象徴として理解され、ヒルダが実は単体であったということに気付き、それがきっかけで村人が一体となって戦えば悪魔と戦えるとの悟りを得る。こうしてホルスは迷いの森から抜け出ることができる。

迷いの森はホルスが異常体験を持つのであるから心の混乱を示していると考えていた。しかしヒルダと悪魔のグルンワルドが、迷いの森について話しているシーンがこの後に続くが、そ

『太陽の王子ホルスの大冒険』の DVD ジャケット。発売中 2,800 円（税抜き）。
発売元：東映ビデオ，販売元：東映。

れによると迷いの森に落ちたものは助からないとされている。高い崖から迷いの森に落下するというように描かれているのであるから、通常ならば到底ホルスは助からないであろう。そうしてホルスの体験していたことは、森の中の空間に浮遊するような感覚であった。つまり身体の方向感覚が失われている。そしてその彼が見たものは、旅に出るきっかけになった父親との会話であり、村人に石を投げつけられたことであり、グルンワルドの前にいるヒルダがホルスに迫って来るというものであった。こうしたイメージは、ホルスの出会った体験がすべて一瞬の間に集約されたものである。人生の出来事を一瞬の内に走馬灯のように体験することが臨死体験において見られるとされている(1)。つまりここでのホルスの体験は臨死体験のなかにあるものと見ることができる。その彼が光の通路を見出す。そこでは村人たちが協力して槌を振り下ろして、剣を鍛えている。光の通路も臨死体験でよく報告される現象である。そして一部の臨死体験の報告では、生還してから、悟り体験を持つことがあるという。ホルスは、迷いの森の中で悟りを得、光の通路が見えるのであるから、その点は臨死体験者の報告と若干順序が異なるが、しかし光の通路に向かってゆくホルスは、臨死体験から抜け出る際に歓喜の感情を持ち、絶頂経験の中にあったとみることができる。そのためか村人たちが一斉に槌を振って剣を鍛えている様子を目にすることになり、ホルスが一瞬の間に自身の人格を高めたことが暗示される。ただ臨死体験に関する書物の『かいまみた死後の世界』(1)の翻訳出版は一九七七年である。このアニメーション作品の臨死体験の表現は本の出版以前のものであり、まだ臨死体験が一般化していたわけではなかった。

ホルスが迷いの森の外にでたとき、そこにはヒルダが待っていた。彼女に向かって、ホルスの悟りを語り、ヒルダの心の中の悪を追い出すように促す。ホルスの悟りでは、ヒルダは、心の中に悪の側面を持ち、それを追い出せば善となる。つまりヒルダは悪の分身を心の中に持っている。ただ本人はそれに気づいていない。アニメーションの設計図である絵コンテ(2)には、この場面について、

「ヒルダ、ホルスの気迫に押され、又理解出来ないことで更に身を硬くする感じ（注）自分の二面性に気付かぬヒルダにとっては、ホルスの言葉「もうひとりのヒルダ」「追い出す」は不可解と同時に敵対する言葉としか感じられず、本能的に防ギョの態度に入るのである（オソレ）」（三九七頁）

と記している。ホルスは「帰ろう、村へ」と語りかけるが、ヒルダはホルスに剣をむける。ホルスは「そのヒルダを追い出すんだよ！」と剣を叩き落とす。そして「わかったねきみはもう人間なんだ！」とヒルダに言う。悲し気な表情のヒルダは、ホルスに向かって兄が村へ向かっ

たので皆を助けてあげてと言い残してホルスの前から姿を消す。ホルスの言葉はヒルダに届かなかった。ヒルダの悪の心から善の心への回心には別の要因が必要だった。それはヒルダが、女性であるがために、戦うことによって回心するのではなく、保護の心を目覚めさせることによって回心に至るということである。『太陽の王子ホルスの大冒険』の画期的なことはそうした男女の回心の違いを説得的に示したことであり、アニメーションにより心理表現を納得できる形で示したことである。

ヒルダ

さてここでヒルダを中心に彼女の回心についての議論を進めてみたい。ヒルダは、登場の最初から、善の心の象徴としてリス、悪の心の象徴としてフクロウを伴っていた。リスとフクロウが人間の姿を持ては、それらはまさにヒルダの分身である。もっともアニメーションではリスもフクロウもそれぞれが独立したキャラクターとして描いているが、リスはヒルダに向かって善を成すように働きかけ、フクロウはヒルダに向かって悪を成すように働きかける。そのため、どちらもヒルダの外在化された心を示している。その分、ヒルダの心は自分の意志を持たないともいえる。誰かの言うままに行動する人形のような存在である。そしてそうしたヒルダの心の中に善の心が潜んでいることをホルスは直感し、ヒルダが彼に何をしようが、その善の心に語り掛けつづける。すなわち、迷いの森に自身を追い落としたのがヒルダであったとしても、そのヒルダに向かって悪の心を追い出すように働きかける。

ここで少し物語の粗筋を見てみたい。リスの名はチロ、フクロウの名はトト。ヒルダはホルスに初めて会った時に、彼らを友達と紹介する。ヒルダはホルスの住む村に連れてこられる。子どもたちに歌をせがまれるヒルダ。特に幼子のマウニはヒルダが好きで遊びに誘いに来る。そして一番好きな歌を歌ってとせがむ。ヒルダは歌を歌おうとするが声が出ない。本当の歌は歌えない、とマウニに言うのだが、その時マウニはヒルダの膝に顔を埋めて眠ってしまっていた。これまでヒルダは歌を歌って村人たちに聞かせていた。村人たちはヒルダの歌に聞きほれて、村の仕事をほったらかしにしていた。村人たちのしていたのは悪魔の襲来に備える外壁を作る仕事であった。ヒルダの歌は、その仕事をまんまと妨害していたのである。そうしたヒルダに向かってマウニが本当の歌を歌ってと無邪気に求めたのであったが、それはヒルダの出来ないことであった。ヒルダの中に悪魔の兄の命令を忠実に守り、村を滅ぼそうと画策する悪魔の心と、マウニに反応する善の心という二面性があった。そこにトトが現れ、悪魔グルンワルドの命令を果たすようにヒルダに迫る。その時ヒルダは「マウニは助けます」とマウニを抱きしめる。ヒルダは初めて自身の意思を露わにした。それは幼子を助けたいという保護の心であった。しかしその意思はすぐ否定される。

花の中からチロが現れ、ヒルダの欺瞞を糾弾する。「マウニを助けてどうなるのヒルダ、そんなことじゃごまかせやしないよ。ひとりぼっちのヒルダがもう一人生まれるだけさ。悲しくて泣きたいのに泣けないヒルダが生まれるだけさ」と訴える。それを聞いたトトは、チロを、ヒルダのうしろで襲う。そしてトトは、羽根でヒルダの胸を指さし、そこに光る命の珠を示す。グルンワルドのくれた命の珠で永遠に生きられる、と語る。永遠の命をグルンワルドに与えられたので、彼の命令には逆らえない。自身の意思は持ちえない、とトトはいうのである。

それに対しチロは死ぬのが怖いのかとさらに重ねる。それを聞いていたヒルダは、ホルスが手にしてきた太陽の剣をイメージし、燦然と輝くその剣に彼女が弾き飛ばされることをイメージする。ヒルダは、太陽の剣に触れようとして、それが出来なかったことがあったのである。そして決然として、「あたしは悪魔よ、悪魔の妹よ」と走り出す。ヒルダは悪魔としてしか存在できないと思い知るのである。

ここで描かれているのは、ヒルダの心の葛藤を、チロとトトが代弁して見せてくれているということである。つまりチロは人間の心（善）を、トトは悪魔の心（悪）を代弁し、マウニを助けようという保護の心（善）を示したヒルダに迫っている。しかしよく見れば、ヒルダ自身が反応しているわけではなく、チロとトトが、ヒルダを介在させて話しているだけである。チロとトトの語りが、ヒルダの心の中の葛藤であろう、というのは、観客がそのように想定しているだけである。ヒルダは、心が動かない虚無を感じているのかもしれない。ヒルダの心が空虚であるために、チロやトトの語りがそのまま反映されるのであろうし、ホルスの悪の心を追い出すという言わば思い込みも、ホルスの投影として成り立つ。

さてヒルダは、先述したように、ホルスを村から追い出すことに成功し、そのホルスを迷いの森に追い落とす。そこに現れたチロはヒルダから去ってゆく。ここにはヒルダの心が象徴されている。それはホルスを迷いの森に落としたことで、彼女の中にあった、善の心が、切り捨てられたことを意味する。その絶望感が、チロが去ってゆくという行為に象徴される。ヒルダの「どこへ行くの」の問いに「人間の村さ」と答え、「ヒルダに殺されても人間の村のほうがいいんだ」とチロは言い残す。ヒルダの心は人間とは一緒に居られないことをチロが示している。

ヒルダはグルンワルドのもとに戻り、ホルスは生き返ってくるとグルンワルドに語り掛ける。グルンワルドはそんなヒルダにホルスのとどめを刺すように命令するが、それを彼女は拒否する。ここに二度目の意思が示される。兄の悪魔への拒絶として。ここでのグルンワルドは兄というよりは父親イメージであろう。ヒルダの行動を逐一決定する父親を、拒否することでヒルダの自我が芽生えたとみることができる。

そしてヒルダは北の国へ帰ると訴える。明確な意思の表明である。

そんなヒルダにグルンワルドは、村人たちの先頭に立ってホルスが剣を振りかざして迫って来るイメージを見せる。そのホルスの剣がヒルダの胸の命の珠を断ち切ってしまう。倒れ込むヒルダにホルスの剣が突き刺さったかのようにヒルダはのけぞる。グルンワルドはヒルダの末路をイメージにして見せたのであった。

こうしてグルンワルドのもとを去ったヒルダは、迷いの森から出たホルスに出会ったのであり、そこを去ってさらに北を目指したのである。ところで、村を追われたホルスを追ってきた子どものフレップと小熊のコロは、雪の中に倒れてしまう。そこへヒルダがやって来る。彼女はやさしくかれらにかかった雪を振り払う。彼らに押しかかってきた雪狼を、ヒルダは、剣で叩き落とす。雪狼と一緒になって襲い掛かってきたトトも、一刀両断にする。ヒルダは胸の命の珠をフレップの胸にかけてやると、フレップを背にのせたコロもろとも空中に浮かび上がり飛び去ってゆく。それを見送ったヒルダは雪狼に倒され、雪の中に埋まってしまう。ここでヒルダの悪の心から善の心への回心が明確に示されている。それは悪の心を代表していたトトを一刀のもとに切り捨てた一方で、フレップの命を、自らの命の象徴である命の珠で助けたということにある。ヒルダにとって、瀕死のフレップを助けるという保護の心が、回心のきっかけになっていた。

こうしたヒルダの行動を見ていると、ホルスを迷いの森に追い落とした後でヒルダの心に変化が起こったことがよくわかる。まずはチロが去ったことがあげられる。チロは善の心を現していたのであり、そのチロは村人のところへ帰っていった。残されたヒルダは、グルンワルドの命令を初めて拒否した。拒否し、自分の考えを述べ、自分の行動を自分で決めた。グルンワルドが脅しのために見せたヒルダを殺害する村人とホルスのイメージにも屈しなかった。そしてフレップを救うために命の珠を彼の胸にかけた。つまり命の珠を与えてしまうことで、自身の死ぬ運命を受け入れた。そして雪の中に倒れたのである。ここに描かれていることは、自我の目覚めとその確立過程ということになる。この過程で、分身であったチロとトトが、彼女の傍からいなくなる。確立した自我には分身が必要でなくなったのである。

グルンワルドがホルスたちに倒された後、暖かい日差しの中、ヒルダは意識を覚ます。彼女は生きていることが信じられずに、「あの珠をなくしたあたしが」と呟く。ゆっくり立ち上がり、村に近づいてゆく。村の再建に忙しい村人たち。その中でヒルダに気付いたマウニとチロが駆け出し、ヒルダの胸の中に飛び込む。こうしてヒルダは村に迎えられる。つまりヒルダは、一度死を体験し、そこから再生したのである。悪の心が死に、そこから再生することで人間の心を取り戻した。ホルスの言う、悪の心を追い出す、という作業が完了したことになる。悪の心を追い出す作業の一つには、命の珠を手放すことも与かっているようである。グルンワルドに与えられた命の珠を手放すことが、彼女の悪の心を切り離すことに繋がった。

このようにヒルダの心の描き方には、心を善と悪という二面性で捉え、それぞれをチロとトトという動物に象徴させ、それらの動物がヒルダから離れることで、心の一面が切り離されることを示している。そしてヒルダの善の心が活性化するためにはヒルダの善の心を信じ続けるホルスとヒルダを遊びに誘いに来る無垢なマウニの存在が大きい。文句なく自分を認めてくれる他者の存在を身近に感ずるということである。それまでのチロとトトはヒルダの分身であるので、それらとの会話が成り立つように見えても、そこには自身の考えを客観化する力はない。そのためには第三者の存在が必要であった。それも繰り返し彼女を支えることが求められた。つまりヒルダが善の心に回心するためには、意識の変容過程が起こる必要があり、この体験を得るためには長期にわたる第三者との体験を重ねる必要があった。

ヒルダの回心のきっかけ

ヒルダが回心するには他者との体験を重ねる必要があったにしても、固定した悪の心が揺り動かされる体験がまずなければならないだろう。その体験が生じたのがまさにホルスが迷いの森に突き落とされたときであった。

ヒルダはその直前、自身をホルスの「敵」と自己開示した。困惑するホルスに対し、出現したトトが「ヒルダ様はな、悪魔グルンワルド様の御妹君様だ」と語り掛け、ヒルダが行ってきたさまざまな村の破壊工作を明らかにする。ヒルダは剣を振りかぶるが、そのヒルダに向かってホルスは「ちがう！ヒルダは悪魔なんかじゃない！」とこの期に及んでまで言い張る。そして追い打ちをかけるように「いやもしそうでもきみなら人間になれる。人間に戻るんだ！」と叫ぶ。ホルスは騙されていたと知ってもなお、ヒルダを信じる。おそらくヒルダは、これまでに、そこまで人に信頼されたことはなかったのであろう。ホルスの言葉に、振り上げた剣を振り下ろすことができない。躊躇うヒルダを、トトが飛び出し、促す。苦悩のヒルダは、目をつむり、ホルスを見ることなく、両手で剣を振りかざし、振り下ろす。こうしてホルスは迷いの森に落ちてゆく。呆然と立ち尽くすヒルダにトトが「お見事ですぞ」と賛辞を述べる。ヒルダはそこに崩れ落ちてしまう。

ここでの状況を見ると、先に紹介した、マウニを抱いた背後で、チロとトトが、ヒルダの心を代弁するかのように争う様子と状況が同じことに気付く。すなわち、ヒルダを真ん中に置いてトトが悪の心を代表し、ホルスが善の心を代表するという状況である。その間にあるヒルダは、どちらの心からも影響を受けて苦しんでいるような表情を示しているだけであり、彼女の感情をトトとホルスのセリフが代弁しているに過ぎない。とするとヒルダは、個人の考えを持たず、ただ他者の言葉の意味することを自分の振る舞いに取り入れているに過ぎないことになる。ヒルダはまるで他者の操り人形のように、他者の心が入り込むことで、自身の行動ができているようなのである。トトの促しにより、ホルスへ剣を振り下ろすことも、トトの支配下にあってのことかのようである。その証拠に、トトが消えれば、ヒルダはその場に崩れ落ちてしまうのである。先に述べたように、ヒルダの心は空虚とみることができる。空虚であるために、ホルスが人間だと言えば、それがそのまま入り込む余地を持つということなのであろう。しかし、迷いの森の場面は、トトの心とホルスの心が交互にヒルダに沁み込むのであるから、心の動揺が激しい。そしてこの動揺が、その後のヒルダの回心に繋がっている。回心が起こるためには、固定した心が、激しい感情によって揺り動かされる必要があった。

しかし、ヒルダの心が悪の心から善のそれへ回心したとしても、彼女の行ってきた罪は消えないのでは、と疑う心が生じる。アニメーションでは善の心を取り返したヒルダを、ホルスをはじめとした村人たちが、暖かく迎え入れている。としても、ヒルダ自身に、彼女のなした罪の意識は残らないのだろうか?

二〇一三年製作の高畑勲監督の『かぐや姫の物語』では、「姫の犯した罪と罰」という宣伝文句が繰り返された。高畑監督はかぐや姫が月で犯した罪の償いのために地上に生を受け、そしてその償いの期間が終わって月に帰る、その間のかぐや姫の心の変化を納得できるように描ければ、面白い映画になると考えたと制作意図を語っている。罪とその償い、ということで考えれば、高畑監督の劇場監督初作品の『太陽の王子ホルスの大冒険』でヒルダの犯した罪に対して何の償いもさせていないことに思い至る。ヒルダの振る舞いに対し、それから四五年経って、償いの映画を作ったということであれば、かぐや姫のすべての行動は、ヒルダの行ったであろう回心後の行動ということにならないだろうか。穿って考えれば、回心後に、ヒルダが人間としていかに振る舞ったかが『かぐや姫の物語』の中に展開されたことなのであろう。

現代のアニメーションへの流れ

ところでホルスとヒルダの関係は最近のアニメーションの中にも基本構図が同様に認められる。例えば『心が叫びたがってるんだ。』（二〇一五）では、父親がラブホテルから女性と出てくるところを目撃した少女が、無邪気に父親がお城からお姫様と出てきたと母親に語ったがために両親が離婚になった体験をした。彼女は、自分が話すことが、周りに害をもたらすと確信した。その時、卵の妖精が出現し彼女の口を封印してしまった。母親が父親のことを無邪気に語るその口に、ちょうど料理していた玉子焼きを突っ込んで、彼女の語りを封印したように。この少女が成長し、高校生になっても、人前で話すことができないままでいた。話そうとすると腹痛が起こり、トイレに急行してしまう。そうした彼女が「地域ふれあい交流会」の実行委員に任命されてしまう。先生からはミュージカルを提案される。喋れない彼女では、ミュージカルは無理だと思われたが、皆の前で彼女は歌いだす。歌であれば腹痛が起きなかった。それを聞いた実行委員の一人の男子学生が、共感し、一緒に行うミュージカルを、彼女の体験をもとにしたシナリオで実行することを提案する。こうした流れで、物語が進行するのであるが、ここでの関心は、少女と男子学生の関係である。少女は、幼いころの体験がもとで、心を閉ざしてしまっている。その閉じた心に働きかけるのが、少女の頑張りに、無条件で共感する男子学生の存在である。この関係は、虚無の心のヒルダに対して、ホルスが人間を信じ続けるという関係に相似であり、ヒルダの虚無の心からの開放も、少女の心が開かれるのも同様に男性からの強い関心を向けられることによってであった。

さらにヒルダとここの少女は、『パーフェクトブルー』の未麻と共通点を持つ。それはいずれのキャラクターも、自ら行動を起こす積極性に乏しく、周囲の状況に対して受動的に行動するのであり、場合によっては他者の意のままになっているということである。そうした状況から、自身の意思を徐々に発揮するという回心が起こるのであった。アニメーションの観客は、ヒロインのそうした回心に共感を寄せるのであろう。

引用文献

(1) R・A・ムーディ・Jr.／中山善之（訳）（一九七七）『かいまみた死後の世界』評論社
(2) スタジオジブリ絵コンテ全集第Ⅱ期（二〇〇二）『太陽の王子ホルスの大冒険』徳間書店

第三章

「感情の谷」理論

感情の谷

第一章では、分身について述べた。日本のアニメーションには分身が多いということであったが、その分身は、キャラクターが、強い感情体験を持つことによって生まれてきた。キャラクターの体験する感情の変化を図示してみると図1のようなものが得られよう。

図1で示している横向きの破線は現実世界の適応水準を示し、その線から下に向かって進むカーブは、心の奥底への沈潜を示し、その向きが上向きになることは心の奥底から現実に向かって心が動いていることを示し、元の横線を超えて上に出てしまったカーブは、現実の中で悟りの境地を得たことを示している。現実を離れて心の奥底への動きを引き起こすのが「狭間《はざま》の嵐」と表記してあることが示すように、強い感情が喚起される出来事に遭遇するのであり、そのために心の混乱が生じ、心の奥底へ入ってしまう。その心の混乱は、ある体験を契機にして解消する。それが起こるのが「一対一の対決」といった個との出会い体験である。このことによって心の混乱が解消し、現実に向かって心が動き出し、結果的に現実に戻ることができる。その際には「悟りの境地」が示すようにもとの人格レベルよりもより統合のとれた人格レベルに高まっている。こうした物語のパターンが日本のアニメの主要なものにあると思える。そこで、先の章で述べたことをこのパターンに当てはめて、まとめなおしてみたい。

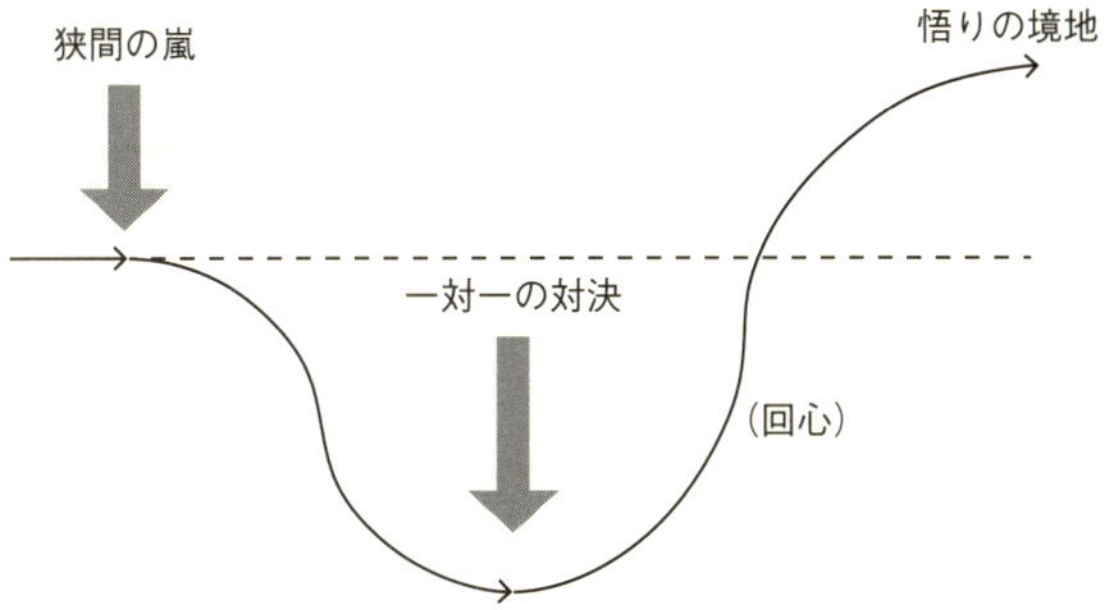

図１　感情の谷

ヒルダと未麻の場合

ヒルダは、第二章で紹介したように、チロとトトという二匹の善と悪を象徴する動物が、言い合う狭間で居すくまっていた。チロはヒルダを責め、本心ではないはずだと言うが、トトはグルンワルドの指令に従わなければいけないと言う。そしてトトはチロを嘴で脅して追いかける。そうした状況を背後に、ヒルダは、何もしないでいる。心の中での葛藤を動物たちが代弁している。観客は少なくともヒルダの心理をそのように受け取る。つまり葛藤状態にあるとみなす。観客にそうした連想が浮かぶのはなぜであろうか。それは比較的身近にそのような体験をしたことがあるからである。学校での先生と親の面談の場面などで、先生と親が話している間に挟まれて子どもは、自分のことを、大人同士が話し合っているのを耳にする。こうした体験は我々のなかに少なからず蓄積されている。通常、こうした場面では、大人の間に挟まれた子どもは居たたまれない気分になる。悪さをした子どもの親が学校に呼ばれたときなどは、その気分はさらにトトとチロの諍いを耳にしているヒルダの体験に近いものとなろう。

チロとトトの争いは、善と悪の戦いであるので、それによって引き起こされたヒルダの感情体験はまさに葛藤の嵐（激情）の中ととらえることができる。その嵐の中で、ヒルダはトトの指令を採用し、悪魔としての活動を開始する。トトのほうがチロより圧倒的に力が強いのである。迷いの森の前でも、ヒルダはトトの指令のまま行動し、ホルスを迷いの森に突き落とし、チロはそれを非難してヒルダの前から去ってゆく。ここにも善と悪の葛藤がある。葛藤があるが悪の心のほうが強い。つまりヒルダの葛藤の嵐は続いており、その嵐は身近な存在（つまりホルス）にも攻撃的行動が向けられるのであるから、より激しくなっている。そうした激しさが極点を過ぎて、方向が逆転する。それが、ヒルダがグルンワルドに向かって自分の考えを述べることであり、迷いの森を抜け出たホルスに村の状況を語ることであり、トトを一刀のもとに切り捨てることである。これらはいずれもヒルダ対グルンワルド、ホルス、トトといったように、一対一の対決である。

このようにヒルダは、チロとトトの言い争いの前で居すくまっていた状況を脱し、一人の個人として意思を持つようになった。そして悪の心を打ち負かしたのであった。その間に起こってきたのが感情の谷に落ちることであった。谷から出ると、ヒルダは悪の心を失って新生していた。

霧越未麻の場合にもヒルダと同様な状況が見出せる。

役者への転向を勧めたい田所と、汚れ役は可哀想と訴える付き人のルミが激論を交わす間に挟まれて体を小さくしている未麻がいる。その間に挟まれた彼女は、どんな役でもやるよと答えてしまう。だってみんなに迷惑をかけられないじゃない、と一人になって独り言を言う。ヒルダにとってのチロとトトと同様な言い争いが田村とルミの言い争いである。二人の狭間の感情のぶつかり合いの中で、ついといった様子で未麻が言ってしまうので、観客は、それは本心なの、と思わず思ってしまう。感情移入してしまっている。

先のヒルダでは学校での先生と親の間に挟まれる子どもを想定したが、未麻のおかれた状況は職場での出来事であった。要するに大人になっても、二つの意見の対立の間に挟まれて、居たたまれなくなる状況は同様に生じうる。そして未麻は、自分の考えとしてよりも、周りに迷惑をかけられないといった消極的な理由によって、自身の行動を決定してしまう。

そうして引き受けた未麻の役は心理的に負担の大きいものであった。レイプシーンもその一つだった。レイプシーンでは自身がその場から感情が引き離されるような感じと、周囲のイメージの断片的な知覚が生じているので、心理的な負担の大きさがよくわかる。この体験の後でバーチャル未麻と一対一で対面する。

田所とルミの言い争いの中で、感情の嵐のなかにおかれ、感情の谷に落ち込み、現実から心が乖離するような心の混乱を体験し、本来あり得ない存在のバーチャル未麻が現れるのを見てしまうほど心の混乱が深まってしまった。心の混乱が極点に達した時、バーチャル未麻が憑依したルミと対決することになった。こうした経験を経て役者としての自立が描かれた。つまり役者としての悟りを得たということである。

以上示したヒルダと未麻の感情の谷とそこからの脱出は、日本のアニメーションの基本的なモデルになっている。そしてこのモデルは、一度心の混乱に入って、そこから脱出すると、その際には始まりにあった心の状態よりもより心が開放された状態になり、元の状態を超えているということである。元の状態を乗り越えていることが、観客にとっても心の開放に繋がっている。このプロセスをここでは「感情の谷」理論と呼んでおきたい。

統合失調症の発病過程

感情の谷はアニメーションで描かれる登場人物の体験する感情の流れをモデル化したものであるが、この流れに類似したものが、現実世界にも存在する。その一つが、統合失調症の発病過程である。

発病過程を単純化して図示したのが図2である。この図は図1とほとんど同じである。違う

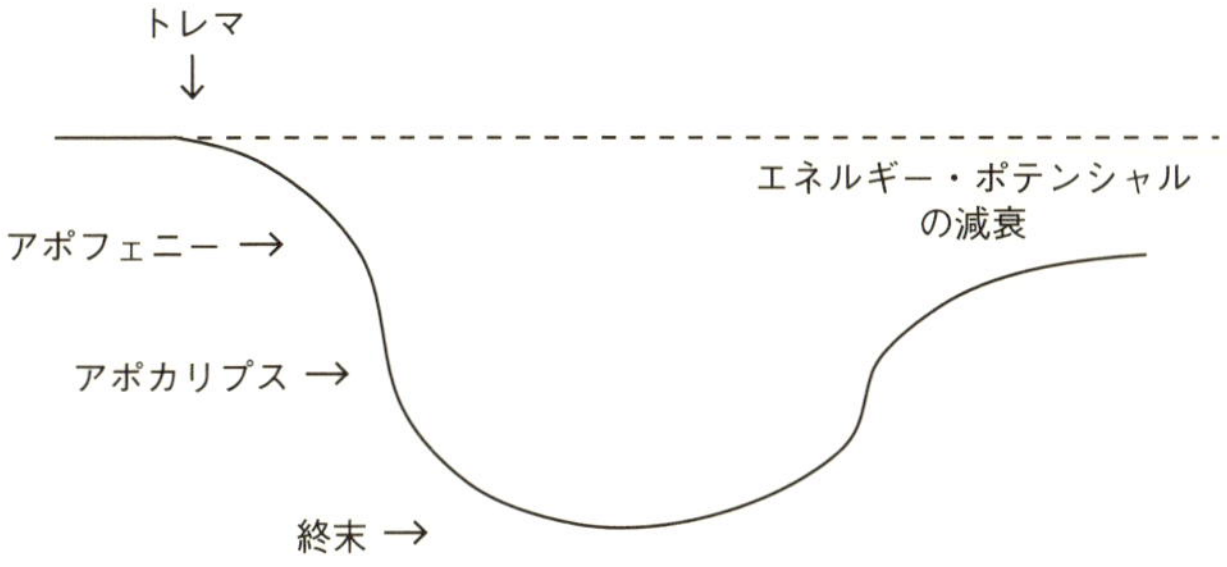

図２　統合失調症の経過

ところは右のカーブが破線を超えてその上に達していないという点である。破線が発症前のレベルとすると、カーブの線で示した統合失調症の発病後の経過で、統合失調症が改善しても元のレベルには戻らないことを示している。これはコンラートの著書(1)にある図を単純化したものである。コンラートは、発症してもほぼ元の状態に戻る群を設定しているので、その場合には右のカーブは元のレベルに達するようになろうが、その他の亜型（破瓜型、妄想型、緊張型）では、エネルギー・ポテンシャルの減衰が起こり、あるレベルに固定化し停滞する。そのエネルギー・ポテンシャルの減衰の程度によって右のカーブの到達点が破線の位置に近づくものと、より遠いものが現れるとみなしている。

コンラートの挙げている発病過程はトレマ、アポフェニー、アポカリプスと進行する。「トレマ」は妄想に先行して出現するが、この時の気分を的確に表すことは難しい。

患者の感じる状態は周囲のあらゆるところに障壁が立てられ、生きる幅が極端に狭められているといったものである。この障壁を乗り越えることは不可能で、ひとつの危急状態にある。少しの反応が加われば危急反応が生ずるような状態である。

先の『パーフェクトブルー』を例にとって考えてみれば、「トレマ」は、感情の谷へ入りかける二人の間に挟まれた状態が暗示するような緊張状態から始まり、さらに未麻はレイプシーンの撮影で逃れたくても逃れられない状態に追い込まれた時に相当する。こうした時に彼女は、先に述べたように、周囲の人たちの視線が自分に突き刺さるように感じ、レイプする役者の顔も恐ろしい顔に歪められて見えてしまう。周囲のすべての環境が、監督の一言で一瞬の間に変容し、緩むにしても、また監督の一声で同じ不可解な、近寄りがたい雰囲気に変容する。まるですべての環境が作り物のように見えてくる。映画のセットであるから当然作り物ではあるが、未麻には、心理的に追い詰められるがゆえに、リアリティが感じられない異物に化す。コンラートはこうした周囲の心理的変容を、周りには障壁が立てられ、そこを乗り越えることはできないと述べるのである。感情的に追い詰められて、自由を失ったような状態に陥った未麻にとっては周囲が壁によって囲まれているようで、そこから逃れられない。

こうして次の「アポフェニー」に至る。「アポフェニー」では、一種の意味の顕現、あるいは意味の啓示が起こる。意味を完全に無媒介的に知ることになる。すなわち周囲が特別の意味を持ち、声が聞こえてくることもある。未麻の場合には、視界の傍らに自分自身の姿を垣間見、その幻影のような存在が語りかけてくる声を耳にした。そして妄想世界が確立する。世界が彼女を中心に展開し、すべてが彼女に関係づけられる。すなわち、未麻はバーチャル未麻を目の当たりにし、バーチャル未麻が彼女に向かって問いかけ、またバーチャル未麻の走り去るのを必死になって追いかける。バーチャル未麻が現実を凌駕し、バーチャル未麻の世界に従って現実の未麻が行動することになった。これは妄想世界に従って統合失調症患者が行動するのと同じである。

コンラートはさらに「アポカリプス」の段階を設定する。この段階では緊張型の状態像を示す興奮や逆の無動状態が見られるとしているが、『パーフェクトブルー』ではここまでは至っていない。

このように『パーフェクトブルー』の未麻の異常体験は統合失調症の発病過程に従っている。その体験は、発病過程を当てはめてみると、理解がしやすい。しかし先に述べたように、統合失調症の経過後には、エネルギー・ポテンシャルの減衰が起こるのが通常であるので、現実の生活レベルは低下することが多い。しかし、アニメーションではむしろ生活レベルは向上し、人格的に高まっているように示す。

では他の作品でも統合失調症の発病過程がそのまま当てはまるのであろうか。

『ブレイブ ストーリー』——異界での出会い

アニメーションの世界で、ファンタジーの世界に行ってしまう物語が多くある。ファンタジーの世界は、統合失調症をモデルに考えれば精神病世界のことであろう。現実世界から離れ、別の世界に入ってしまうのであるから、統合失調症患者が妄想という別の世界の体験をするのと同じであろう。ファンタジーの世界については、例えば、前著[2]でアニメーションの『ブレイブ ストーリー』（二〇〇六年）を分析した。そこでワタルとミツルという二人の少年を紹介した。二人とも現実世界で困難な出来事に遭遇し、その現実を変えたくて幻界という異世界に移行してしまう。ワタルはそこでたくさんの仲間と出会い、心を通わせ、仲間が大事なことを学んでゆく。一方のミツルは常に一人で行動し、誰とも親密な関係を持たなかった。二人は同時に自身の影に出会って戦うことになるが、ワタルは影も自分の一部と考えて、自分の中に受け入れる。そしてワタルは現実世界に戻ることができた。それに対してミツルは影を倒してしまう。その結果、ミツル自身が消えてしまう。こうしたワタルとミツルの違いはなんだろうか。図2に示したモデルに従えば、ワタルは異界、つまり精神病的世界に入り込んでも、元のレベルに戻ってきたのであるから、統合失調症が回復した群に相当するが、ミツルは幻界で消滅してしまったのであるから、彼自身は現実世界に戻れなかったということであろう（図3で

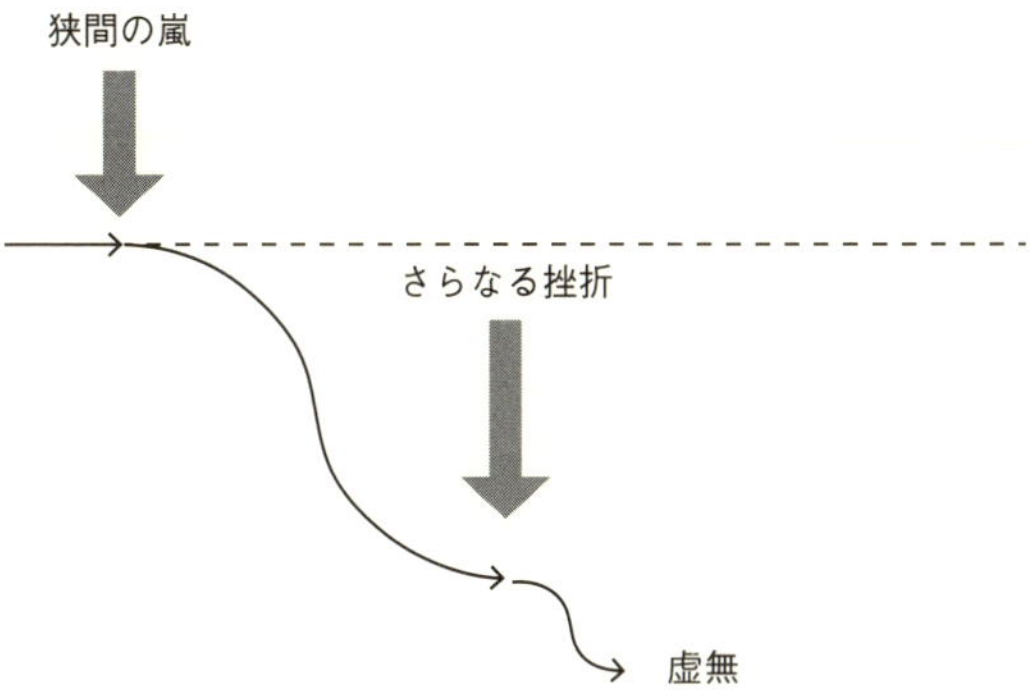

図３　感情の谷 ── より深い谷

はミツルの経過を虚無への道筋として示した）。その意味では、精神病世界に停滞していることになろう（もっともアニメーションではワタルの戻った世界に転校生としてミツルが現れるのではあるが）。

さてワタルもミツルも現実世界で受け入れられないような出来事に出会った。ワタルの場合、母親の自殺企図、ミツルの場合、家族の死であった。こうした家族の不幸は、子どもにとって心理的負担が大きく、心理的動揺も大きいであろう。異界に誘うのがそうした激しい心理的動揺であった。この種の心理的動揺は誰にでも起こり得るものであり、想像しやすい。周囲に壁が立ちはだかり、それを乗り越えて自由な行動ができないといったものではない。すなわちトレマの状態にあったとは思われない。それにもかかわらず、ファンタジー世界に入ってしまう。入るためには扉を通ってゆくので、主人公の自由意志も関与している。

『バケモノの子』――異界での成長

細田守の『バケモノの子』（二〇一五年）の主人公の少年もワタルと同様である。両親は離婚し、親権を持つ母親を亡くし、親戚に引き取られるような状況が生じ、家出した九歳の少年蓮が、熊徹というバケモノに出会って、バケモノの世界に連れてゆかれる。つまりバケモノの世界である異界に子どもが入り込む前提には、家族を亡くすといった大きな心理的動揺があった。この心理的動揺も分かりやすい。通常はこうした心理的動揺があったとしても、それを乗り越えてゆくものである。しかし蓮は、ただ逃れただけであった。バケモノがこの少年を異界に連れ去った。子どもの誘拐であるが、アニメーションではそれが問われることはない。ワタルが自由意思で扉の向こうへ行ったのに対し、蓮は連れてゆかれた。その意味では受動的である。ここにもトレマはないとみることができる。それにもかかわらず異界に入ってしまった。つまり統合失調症の精神病世界と同じような世界に行ってしまったのである。

その少年はバケモノの世界（異界）で、熊徹の弟子になり、九太という名前を与えられ剣術に励み、腕を磨き、成長する。何年も異界に生活し、そこでの生活に馴染んでいる。ということは、先述のモデルに従えば、異界という精神病世界に入り込み、その世界に馴染んでしまっているということを意味する。長い間に渡って精神病世界に入り込んでいると、その世界が完全に構築され抜けられないことになり、エネルギー・ポテンシャルの減衰も起こるというのがコンラートの述べていることであった。そのため、現実世界に戻れないのが通常である。しかしアニメーションでは、青年期に達した九太は、自らの意志で現実世界に戻り、自力で勉強を始め、人間世界での女性との友情関係も形成できてしまう。まさに青年期の男性の外界へ向ける興味関心がそのまま描かれ、共感を持って提示される。精神病世界に入ってそこで成長することが、現実世界での成長に直結しているのである。ワタルが現実世界に戻ったとき、そこでの適応がより可能になっていたのとまったく同様に、バケモノの子も、現実世界で生きてゆく術を若くして十分に身に着けている。

『バケモノの子』では九太と対比的な人間の子が登場する。それが一郎彦である。彼は、熊徹のライバルである猪王山に息子として育てられた。しかし実の子ではなく人間であることに気付き、猪王山が熊徹に敗れたのを見て憎悪にかられ、闇に取りつかれてしまう。この一郎彦の描き方にも強い感情にかられ精神病世界に落ち込むというパターンが生かされている。ただし一郎彦の場合、バケモノの世界に入り込む段階で一度大きな感情の嵐を、九太同様に体験しているのであろうし、そのためにバケモノの世界といった精神病世界に入り込んだということになる。それがさらに憎悪を体験し、闇に憑りつかれることにより精神病世界に深く入り込み自我の喪失を体験したとみることができる。二段階で精神病世界に入り込んでいるのである（図3参照）。つまり一郎彦のほうが九太よりも精神病世界に深く入り込んでいる。こうした九太と一郎彦の対比は、先述のワタルとミツルの対比と同様なものを持っている。すなわち主人公は、精神病世界で順調に精神的に成長し、現実に戻るが、相手役は精神的に停滞し、より深い精神的混乱を体験する。とはいうもののアニメーション世界では、一郎彦も最終的には猪王山に優しく受け入れられるのであり、安心できる結末になっている。

『千と千尋の神隠し』――異界への誘い

『ブレイブ ストーリー』と『バケモノの子』はいずれも主人公は精神病世界に入り込むが、その影となるような人物が造形され、対比的に描かれていた。この影に相当する相手役がいないパターンが宮崎駿の『千と千尋の神隠し』（二〇〇一年）である。主人公の千尋は異界に入り込んでしまう。異界に入り込む前の千尋は、友だちと別れて引っ越してきたのでふて腐れている。その彼女が、異界に入り込んだとたん目にしたのは両親が豚に変身してしまったという衝撃的な出来事であった。つまり千尋が異界に入り込むのは大きな心理的動揺のためというよりは、何かにその世界に導かれているようである。そしてその世界に入ってすぐに両親が豚になってしまったという異常な事態を目の当たりにする。動揺し、どうしていいか分からなくなり、千尋は、右往左往する。戻ろうとしても、来た道は水に沈んでしまっていて戻ることができない。そして自身の身体が透けて見え始めるに至って、パニックの極致に至る。この千尋の

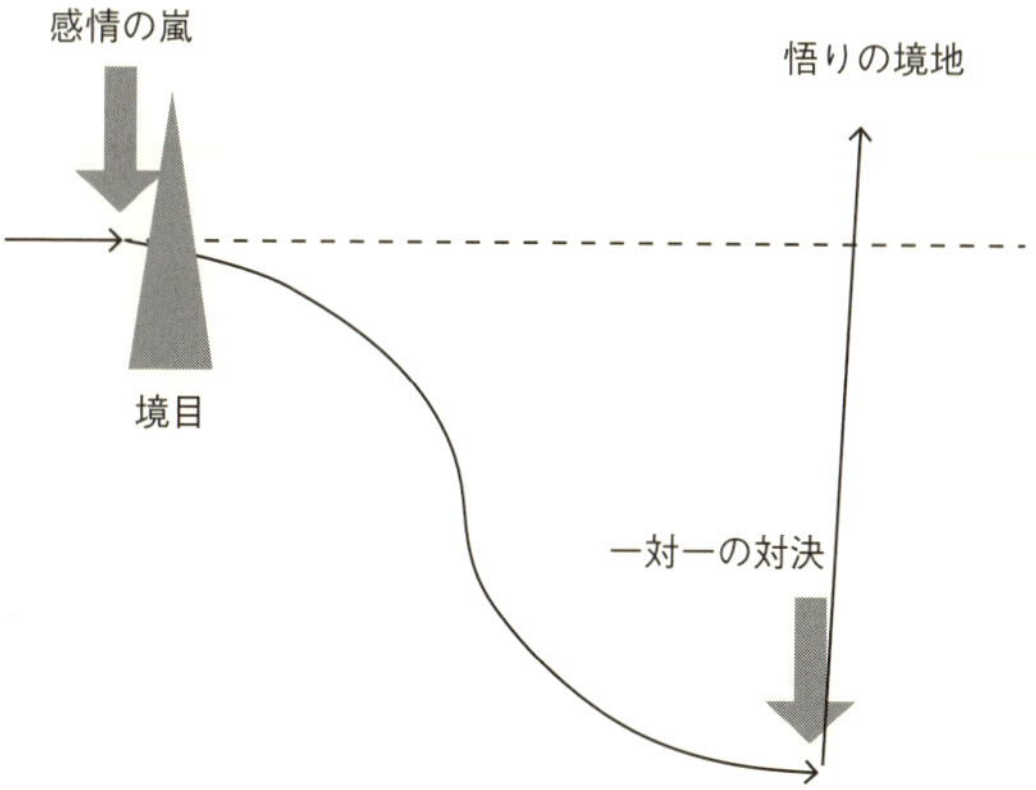

図４　感情の谷への境目

体験は、彼女の周囲に障壁があり、それを乗り越えられない危急事態と捉えることができる。図４に示したように明確な境目があり、それを飛び越えて元に戻れない。このような状態はトレマと見ることができる。その彼女に不思議な出来事が起こる。

ハクの登場である。ハクが異界の食べ物を与えることで、落ち着かせる。ハクは精神病を発症した千尋にとっての治療者のようであるが、千尋から見れば異界に深く入り込んでゆくことになる。千尋の出会った異常な体験と著しい心理的な動揺は精神病世界の始まりによくみられるようなものであり、その彼女が精神病世界に入ったように見える。しかし、そこでの彼女は、先述の『バケモノの子』の主人公と同様に、異界で働き始め、職場で十分以上の戦力となる。つまり社会に出て働き始めて、一人前に認められるようになるといったプロセスが描かれる。異界に適応し、そこに居場所ができるということは、精神病世界にどっぷりつかり、妄想構築が強固になって揺るぎなくなったとみることもできる。しかしアニメーションの千尋は、そうした体験のなかで何らかの悟りを得、最後の賭けに勝って一気に現実世界に戻る。図4では「一対一の対決」として示したように、賭けに勝つことで、現実世界に戻った千尋は、以前よりも成長しているように見える。異界での生活がそのまま現実世界に生かされているかのようである。千尋の体験は、トレマ、アポフェニー、アポカリプスといった統合失調症の発病過程での体験に類似しているものの、エネルギー・ポテンシャルの減衰は起こらずに、異界での対決によって悟りを得て現実に戻り、人格的に高まっていたといえる。こうした人格の高まりに多くの観客が爽快感を感じ、また感嘆したことが大ヒットにつながったのであろう。困難を突き抜けて、さらには成長してゆく主人公に共感したのである。

こうしてみてくると『パーフェクトブルー』と『千と千尋の神隠し』の主人公がトレマから始まる精神病世界を体験しているのに対し、これらより後に作られた『ブレイブ ストーリー』と『バケモノの子』はトレマに代わって普通の子が体験するような心理的動揺を描き精神病世界に入るように変化した。その分、一般の観客にとっては、心理的に共感しやすい内容になってきたと言えよう。そうした精神病世界（異界）への入口の体験、つまり「感情の谷」への入口が、トレマといった統合失調症の発病の始まりから、通常の人の持つ心理的動揺に軽症化したことによって、一般により受け入れやすくなったということであろう。その分、異界に入り込むことが、異常なことではなく、普通のこと、あるいはそれ以上の望まれている体験として見られるようになったということなのであろう。なぜならば、異界から出てきたときに、主人公が、成長しているではないか。このことは裏を返せば、普段の生活で、異界に入り込んでも、そこでの体験如何によっては人格の成長が得られる、というモデルを提示していることになる。精神病世界では、そのような人格の成長が得られることはなく、エネルギー・ポテンシャルの減衰が起こるのが通常であるのにもかかわらずに、そのようなアニメーション世界の提示が繰り返されているのが現在のように思える。

しかし異世界に入り込んで、そこから出てきたときに悟りを体験するものが現実にないわけではない。それが臨死体験あるいは回心として知られている体験である。

臨死体験と回心

臨死体験は、ムーディの『続　かいまみた死後の世界』[3]に次のような過程を経るとまとめられている。すなわち、

①医師が自分の死を宣告しているのが聞こえる
②耳障りな音が聞こえる
③長いトンネルを通り抜ける感覚
④物理的肉体から離れて遊離しているのを自覚
⑤他者に出会う
⑥光の生命の出現と自分の生涯のフラッシュバック
⑦現生と来世の分岐点に近づく
⑧完全な喜び、愛、平和に包まれ、物理的肉体に戻りたくない抵抗
⑨結局、物理的肉体に戻り、蘇生

である。

この後にムーディはこの体験がその後の人生に大きな影響を与えると述べている。ムーディの本の出版以降、日本でも立花隆が『臨死体験』(4)という本を出版したりして、臨死体験が一般化した。しかしその経緯は、ここでは特に問題にしない。問題にしたいのは、ムーディが述べているような体験がアニメーションのファンタジー世界で繰り返し語られていることと多くの共通点を持つということである。図示してみると図5のようになろう。

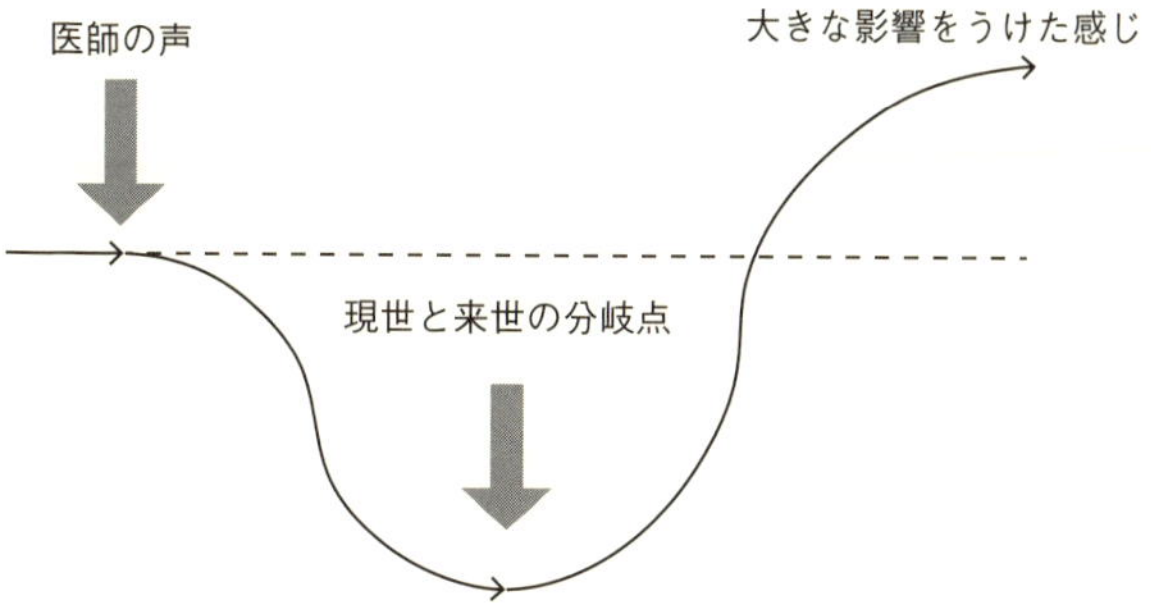

図５　臨死体験

ムーディの掲げる長いトンネルを抜ける感覚は、『千と千尋の神隠し』では実際にトンネルを通って異界に入るのであり、『ブレイブ ストーリー』では扉を通って異界に入るのであり、『バケモノの子』では通路を通って異界に入っていた。異界で多くの他者に出会う体験はいずれの作品にも共通し、そこで親のような存在や、友人に相当する存在ができるのであるから、他者との出会いがあることになる。もっともムーディのあげている他者にはすでに亡くなった親や友人がいるのであり、その意味ではアニメーション世界の出会いとはやや異なるところがある。ムーディの述べる完全な喜び、愛、平和はアニメーションでの大団円で体験するものにまさに相当するであろう。そして現実に戻るのは蘇生に他ならない。つまりアニメーションで描いているファンタジー世界に入ることは、まるまる臨死体験的要素が含まれている。臨死体験を経たものでは、その体験がその後に大きく影響するとされている。アニメーションではファンタジー世界での悟り体験が、その後の人格の成長を促進していた。つまり人格の促進が、アニメーションのファンタジー世界に入ることで得られていた。アニメーションのファンタジーを見ることは、死と再生の物語を追体験することに繋がってくる。一度それまでの体験を無しにしてリセットし直す、という意味合いもあろう。

アニメーションで描かれるファンタジー世界に入ることとは、精神病世界に入ることと臨死体験がミックスされたようなものであり、その世界に入ることで最終的に悟りが得られると語ってきた。

悟り体験に近いものには、「回心」として知られる体験がある。通常は宗教に入信することや、一つの宗教から別のものに変わることを言うが、宗教的体験をすることも含めて考えられている。その体験の心理学的検討を行ったジェイムズの『宗教的経験の諸相[5]』には、回心の過程が紹介されている。それによれば、

「暴風と抑圧と矛盾の時期のあとに、確信と安定と平衡があらわれるのである。これらの宗教的でない場合にも、新しい人間は徐々に生まれることもあり、また突然生まれることもある」(『宗教的経験の諸相』上巻・二六八頁)

「感情的な動機、ことにそのはげしい種類のものは、心の再編成を促すきわめて大きい力をもっている。愛や嫉妬や罪の意識や恐怖や悔恨や憤怒などが、突然にそして爆発的に人をおそうことは、誰でも知っていることである。希望、幸福感、安心感、決意など、回心につきものの感情も、同じように爆発的に生ずることがある。そしてこのように爆発的にあらわれる感情が自余の変化を惹き起こさずにすむことは滅多にない。」（『宗教的経験の諸相』上巻・三〇〇頁）

と、紹介されている。回心といった心の再編成は、長い葛藤状態の後に起こることもあり、瞬間的に起こることもある。しかしいずれにおいても強い感情的状態に陥り、それが回心によって「幸福の恍惚感」（『宗教的経験の諸相』上巻・三八二頁）を生ずる。先のモデル（図1）に従えば、長い葛藤状態（狭間の嵐）といった感情の谷に落ち込み、それが回心（一対一の対決）で逆転し、幸福の恍惚感を伴いながら人格の新たな統合を生じる（悟りの境地）。例えば第二章で紹介した『太陽の王子ホルスの大冒険』のヒルダは長い間善の心と悪の心の間でゆれ動く葛藤状態にあったが、悪の心を代弁するフクロウのトトを切り捨て、フレップを助けることで善の心を回復するといった回心を体験した。そして回心のこの過程は、アニメーションで主人公が感情の谷で異界に行き、そこでの苦難の末に新たな自分を見出し、幸福や心理的な安定を手に入れるという過程そのものでもある。『パーフェクトブルー』の未麻はアイドル歌手と役者といったふたつの間で葛藤があり、心理的な混乱を体験したが、役者になることを選んで成長したことが語られていた。『千と千尋の神隠し』の千は湯屋で様々な仕事をこなし、ハクの危機を救うことで自身のアイデンティティを確立し、豚になった父母の居所を言い当てる英知を身に着け、現実世界に戻った。『ブレイブ ストーリー』では、異界で出会った人たちも自分にとって大事な人たちだということの気づきがあって、現実世界に戻ってきた。『バケモノの子』では、人間世界のことを学ぶようになり、現実社会に出て行ったのである。

ジェイムズは神秘体験について次のように語る。

「私たちが普通の意識から神秘状態に移るのは、より少ないものからより多いものへ、狭いところから広大なところへ、そして同時に不安定から平安へ移るのである。私たちは神秘的状態を和解的、統合的な状態として感ずる。神秘的状態は、私たちのうちにある否定の機能に訴えるよりは、むしろ肯定の機能に訴える。この状態においては、無限は有限を吸収して、平和のうちに有限との交渉を絶つのである。」(『宗教的経験の諸相』下巻・二三九頁)

ジェイムズの述べる神秘体験を異界での体験と言い換えてアニメーションを理解することもできるであろう。要するに、アニメーションで普通の状態から異界という神秘的な体験の場に移ることで、現実の不安定から異界の安定へ移ることになり、現実の否定的な側面が異界の中での生活によって肯定的なものに変化する。アニメーションの異界には神秘体験の力が働いている、と見ることもできるのである。神秘体験のネガティブな要素が強ければ、それは妄想と捉えられることになろう。

まとめ

以上見てきたように、アニメーションのファンタジー世界を精神病の発病過程のモデルにしたがって考えることもできるし、臨死体験や回心の過程をモデルに考えることもできる。いずれにしても共通していることは、強い感情体験があり、感情の谷に落ち込み、引き続いて意識の変容が起こり、それを経過して現実に戻ったときに新たな自分の発見があるということである。

さて本章では「感情の谷」理論をアニメーションの作品を分析して導き出してきた。この理論が現在の大ヒットアニメーションを説明するモデルとなり得るのであろうか。第四章以降で見ていくように、「感情の谷」理論は大ヒットアニメーションをうまく説明できるモデルになっている。ただ第四章では「感情の谷」理論の前段階として、アニメーションの動きの軸について説明し、軽快な動きで解消されない事態に直面すると不自然な出来事が現出することを『進撃の巨人』を参照しながら語ることにしたい。そして軽快から不自然への移行が「感情の谷」に密接に絡まっていることを述べる。

引用文献

（1）K・コンラート／山口直彦・安克昌・中井久夫（訳）（一九九四）『分裂病のはじまり』岩崎学術出版社

（2）横田正夫（二〇〇九）『日韓アニメーションの心理分析』臨川書店

（3）R・A・ムーディ・Jr．／駒谷昭子（訳）（一九八九）『続　かいまみた死後の世界』評論社

（4）立花隆（一九九四）『臨死体験　上・下』文藝春秋社

（5）W・ジェイムズ／桝田啓三郎（訳）（一九六九〜一九七〇）『宗教的経験の諸相　上・下』岩波文庫

第四章
アニメーションの動きの軸・仲間関係

『進撃の巨人』

本章で触れる『進撃の巨人』は大ヒットしたマンガであり、それを原作としてアニメーション化され、実写映画も作られた。この作品は、巨人と戦う場面を、立体機動装置という空中を飛び回れる装置を使用することで、動きを地面に制限することなく、三次元的に空中をも利用できることにした。そしてその装置の機動性ゆえに、巨人の移動スピードにも立ち向かうことができるようになった。本来ならば、地面を走ることで移動するしかないところを、空中を飛翔することの爽快感と滑空感を加えることに成功した。そればかりではなく、巨人を人間にとって圧倒的な脅威に仕立て上げた。つまり巨人は人間を食べることのみを本能とするのであり、知的会話のできる相手としては設定されなかった。ごく自然と、巨人の脅威は、人間にとって絶望的な心理を植え付けることになった。非常に特異な場面で、人間が直面する困難をいかに打開してゆくかが、大きな興味となった。

そのあたりの分析を行う前に、『進撃の巨人』のアニメーションが明示化した「動き」について考えてみる必要があろう。

アニメーションの動き――二つの軸

日本のアニメーション、特にテレビや劇場用のアニメは多くがセル・アニメと呼ばれ、絵を動かすスタイルのものが中心である。『進撃の巨人』のアニメももちろんその流れに従っている。今現在セルが使用されているわけではないが、絵を動かし、透明のセルに絵をトレースして彩色するといった方法と同様な手続きがコンピュータで行われているために、名称はそのまま引き継がれている。

しかし、アニメーションの技法には様々なものがあり、使用される技法によって作り出される動きには様々なバリエーションが生じる。例えば、絵を動かすにしても、セル・アニメで行われているように鉛筆で原画を描くものがあり、水墨画や水彩画、油絵までをも動かすものもある。特偉監督の『牧笛』（一九六三年）は水墨を使ったアニメーションであり、墨絵が動いていた。ライアン・ラーキン監督の『ウォーキング』（一九六九年）は歩く様子をただ描くだけであるが、水彩などを使用したアニメーションで軽快な動きが快感で、第四二回アカデミー賞の短編アニメーション賞にノミネートされた。ヨゼフ・ギーメッシュ監督の『英雄時代』（一九八四年）は、絵画としてしかイメージできない油絵を動かし、しかも長編作品に仕立て上げていた。アニメーションの技法にはその他にも切り紙であったり、壊れやすいであろうガラス細工であったり、剣山のようにたくさんの針でできたピンスクリーンを使用するものまであったりもする。ユーリ・ノルシュテイン監督の『霧につつまれたハリネズミ』（一九七五年）は切り紙アニメーションであるが、ハリネズミが霧の中に溶け込んでゆくように見えた。カレル・ゼーマンの『水玉の幻想』（一九四八年）はボヘミアのガラス工芸を生かした詩情豊かな作品で、ガラスが動くことに驚く。アレクサンドル・アレクセイエフはピンスクリーン技法を使ってゴーゴリの『鼻』（一九六三年）を作り上げたが、たくさんの針で凸凹を作りそこに光を当ててできた影を動かすのであるから、動きそのものが幽玄である。アニメーションには多様な技法があり、それによって作り出される動きはたとえ「歩き」といった基本的なものであっても、さまざまに印象づけられる可能性がある。

この点に関し、多様な技法のアニメーションの中から歩きに注目し、どのような印象を受けるのかについて印象評定を行った研究がある。[1] 先述のようなアニメーションの映像は、アニメーションを勉強している人には既知のものであっても、一般の人にはなかなか馴染みのないものと思われる。そうした一般の人の印象がどのようなものか知りたかったわけである。現実には大学生を対象にして、アニメーションの歩きの映像を見せ、それから受ける印象を「活発」「テンポの良い」「弾んでいる」など二五項目についての評価を求めた。そしてそれらの項目がどのようにまとまるかを得られた評価得点から因子分析を行い検討した。その結果、歩きの印象が比較的単純に評価されていることが明らかになった。ひとつは重々しい（マイナス）、のろのろ（マイナス）、活発、テンポの良いといった印象がまとまったので「鈍重－軽快」の因子と命名し、もうひとつは自然、なめらか、不自然（マイナス）、機械的（マイナス）といった印象がまとまったので「自然－不自然」と命名した。つまり歩きは鈍重－軽快、自然－不自然の二つの因子で説明されることが明らかにされたのである。

そしてこれら2因子によって構成される二次元空間に、評定に使用したそれぞれの技法を布置してみたところ、現実の人間の動きをトレースしてアニメーションにするロトスコープを使用した歩きは、人間の歩きのコピーに相当しようが、この歩きは鈍重の方向に位置づけられていた。人間の歩きをそのままコピーすると、鈍重と印象づけられるのである。ノーマン・マクラレンの『隣人』の飛び跳ねた人間の頂点をつないで作られたピクシレーションでは、人間が空中を滑空するように動くが、これは軽快の方向に判断されていた。人間の動きであっても、滑空している姿は軽快に見えるのである。単純化していえば、飛んでいるように歩けば軽快な印象を与えることになろう。日本のアニメーションの多くが、過剰に活発なように見えるのは、人間の歩きがもともと持っている鈍重さの印象を避け、まさに軽快に印象づけるように作っている方略だったといえよう。日本のアニメの動きについては三コマ打ちという同じコマを三回撮影する方法が多い。これは一コマ打ちや二コマ打ちのように滑らかな動きが再現できるというよりは飛び飛びに動くような印象を与えやすい。それは止まった絵が印象づけられたあとで一瞬飛ぶように動くので、軽快な動きの印象がより強まるということなのであろう（この辺の議論については未だ定説があるわけではない）。まさに軽快な動きの表現に適しているといえよう。

ところでアニメーションの歩きは基本的動作として大学の学生の教育にも生かされている。野村・野村[2]は、学生に切り紙の人形を使って歩くアニメーションを試作させたものを使って、先述の歩きの印象評価と同じ評価項目で歩きの印象を評価させる研究報告を日本映像学会の映像心理学研究会で行った。その報告によると印象評定の因子分析の結果、鈍重－軽快、自然－不自然の二つの因子が抽出された。このことは歩きの評価を、一般の人は、二つの軸によって行っていることを示していよう。歩きの判断が、たとえ学生の制作したスムーズでない歩きであっても、比較的単純な判断軸に従って行われていることを示している。

宮崎駿監督が好んで描く疾走する女の子たちは、まさに軽快であり、留まることを知らないように疾駆する。そこには軽快さの背後に、彼女たちが感じているであろう爽快感があり、彼女たちの疾駆する姿によって我々観客も、その背後にある走る気持ち良さを感じてしまうということなのであろう。その疾走する姿の軽快さが、我々に活発さの印象を誘導し、我々観客の心も軽快にする。軽快の評価は、そう判断する動きの背後に、宮崎作品の女の子たちの気持ちの高まりを感じとることに繋がっている。

『進撃の巨人』では立体機動装置で空中を滑空するのであり、それは宮崎監督の女の子たちが疾駆する以上に軽快さをもたらしているとみることができよう。本来地面に縛られている生身の身体が、重力から自由になり、生身の身体のまま空中を滑空する爽快感は想像するだけで心地よい。アニメーションではその疾走感が十全に感じられるように、屋根の上や建物の間を飛びぬけてゆき、地面を眼下に収めながら急速に移動する。そこには走る以上の軽快感がある。

さて歩きの評価の軸には鈍重－軽快のほかに自然－不自然の軸もあった。自然というのはわかりやすいであろう。人間の歩きをそのまま引き写したようなもの、例えば先述のロトスコーピングによる歩きの再生は自然と評価される。それに対し、歩きであっても、コ・ホードマンの『シュッ・シュッ』（一九七二年）のように積み木のそれぞれの面に人の前向き、横向き、後ろ向きの絵を描いて、しかも歩いている人のパターンを置き換えによって表現するものとか、先述のピンスクリーンによる歩きは、不自然と印象づけられていた。制限の大きい素材での歩きの表現は、積み木や針の山の作る影といった素材の持つ特殊性のために、不自然と見られていたのであるが、アニメーションとして見た時には、そうした動きが素材とマッチし、高く評価されていた。積み木に描かれた絵が動くとしたら、シュッ、シュッという子どもの遊びに出される声の調子に合ったようなふさわしいテンポで足が上下していれば、それは適合しているのである。動きの自然さだけでアニメーションが高く評価されるわけではなく、素材にあった動きの新しい創造もまた高く評価されているということである。

鈍重－軽快

さて、アニメーションの歩きの印象は二つの軸で評価され、その一つが鈍重－軽快であった。この印象は、われわれの日常生活で見られるとしたらどのような時なのであろうか。人間の動きの印象を臨床場面で活用しているのが精神医学の世界である。精神医学では人間の動きの増減を症状として取り上げることがある。一九四九年に刊行されて以来版を重ねて今でも読み継がれている西丸四方の『精神医学入門』[3]をもとに見てみると、異常精神現象の諸像の中で「減動増動状態」の章がある。この章の書き出しを引用してみたい。

「ここで動というのは運動 motion, Bewegung のことであるが、単なる筋肉の運動というより動作 action, Handlung とか行動 behavior, Verhalten という、精神的なものの表現とみられるようなものであって、体の麻痺とか震えというような神経学的な減動や増動をいうのではない。口数が少ない、多い：表情が動かない、活発である：ものぐさである、活動的である：動作や身動きが少ない、じっとしていない：やるべきこともしない、よけいなことまでやる、というような状態である。

感情と行動は一体をなしていて、気分の沈んだ時には口数も身動きも少なく、愉快な時には多弁で身動きが多い。」（『精神医学入門』一六～一七頁）

ここに引用したように西丸の示している症状としての行動は、本章で示した鈍重－軽快に対応したものとしてみることができる。先述のように、人間の通常の歩きをそのままトレースしたようなものは鈍重と印象づけられるとしたのであるが、西丸の示しているのはそれよりもさらに活動が低下しているものである。そしてその活動には気分が対応しているというのである。つまり減動が見られるのはうつ状態のときである。

また鈍重に対して軽快は、西丸の示す増動に対応する。増動は気分と一体となり躁状態の時に現れる。アニメーションの動きが軽快であるのは、その軽快さが気分と一致して、躁的な状態にあるということであろう。このようにしてみてくるとアニメーションの中で動きが軽快になるのは、感情が高ぶったときである。つまり過剰な活動は戦闘場面に集中する。そこではまさに気分の高揚状態にあると理解される。軽快な動きは、気分の高揚にうまく合っているのである。

ただし、アニメーションで描かれる軽快な動きは、精神医学で示される症状と同じ方向性を持っているとはいえ、症状として捉えられるものと考えているわけではないことには注意したい。というのも軽快な動きが視聴者にとって「気持ちの良い」動きとして捉えられているからであり、アニメーターたちがそうした動きを追求しているからである。言い換えれば、気持ちの良い軽快な動きを作りだすことで、その動きをしている登場人物と同じ気分を観客に味わってもらうという志向性を持っている。

自然―不自然

次に先述の2因子のうちのもうひとつの軸「自然―不自然」について見てみたい。先にコンラートの統合失調症の発病過程について紹介したが、統合失調症の行動の特徴を記述するために、硬い、奇妙、奇異、ひねくれ、衒奇《げんき》といった用語が使用される。『進撃の巨人』に登場する巨人たちの顔はニタニタしており、彼らが歩くときには両手をだらりと下げてユラユラとしたように歩く。あるいは焦点が定まらないような目である。こうした巨人の示す行動は、硬い、奇妙、奇異、ひねくれ、衒奇といった用語で捉えられるものに近い。そうした行動は一言でいえば不自然ということになる。『進撃の巨人』では巨人の動きを不自然にすることで、観客にとって近寄りがたさを演出する効果があった。しかし、逆に言えば、統合失調症の行動に近いものが巨人によって再現されているのであるから、日常生活で示す統合失調症患者の行動への回避感も、アニメーションの視聴者が知らず知らずのうちに身に着けてしまうことがあるかもしれない。先の著書[4]で、顔の造形について紹介した。その際に悪役や恐怖顔は統合失調症の顔の特徴に近づくような回避感をもたらすものであったことを述べた。動きの表現の中にも、統合失調症患者の動きに類似した特徴を巨人に付与する（もちろん制作者が意識的に行っているわけではなく、ごく自然と回避的な印象を与える動きとして造形しているのであろうが）ことで、巨人への回避感、恐怖感を高めていることになる。

ところで統合失調症の示す奇妙さの背後になにがあるのであろうか。

先に統合失調症の発病プロセスを紹介した際にトレマという段階について述べた（第三章参照）。このトレマでは周囲との間に隙間ができてしまってそれを乗り越えられないと感じ、気分としては絶体絶命の窮地に立たされていると感じるのであった。同様に統合失調症の発症のプロセスを提示している中安[5]は、トレマに相当する時期に緊迫困惑気分を導入している。緊迫しているのはトレマの絶体絶命感であり、困惑は窮地に立たされて手も足も出せない状態とみることができる。緊迫しているのにもかかわらず、どうしてよいかわからず困惑しているという状態は、世界が異様な雰囲気に包まれている時に生ずるものであろう。統合失調症の中にはまさにそのような状態を世界没落体験として体験することが知られる。大災害が起こり、世界が消滅する直前のような異様さにつつまれていると感じ、あるいはＣＩＡのような巨大な機関になぜかわからないがつけ狙われており殺し屋が殺しにやってきてすぐそばにいるので逃げきれないと感じられることを想像してみると、その時の気分は相当緊迫し困惑しているものであると知られよう。こうした緊迫困惑気分をまさに現実のものとして体験している患者が示す行動は、その体験内容を理解できないわれわれには非常に奇妙なものとみえるだろう。奇妙な行動の背後に、緊迫困惑気分が伴っているのである。中安によれば、この緊迫困惑気分から、やがては妄想が生じることで気分が静穏化する。

激情から無意識へ

さて、ここで『進撃の巨人』にもどることにしたい。

『進撃の巨人』の主人公はエレン・イェーガーである。一五歳である。この一五歳というのが一つの重要な点であろう。スコビィは宗教的回心が一五歳ごろに起こりやすいことを指摘している。(6) またフリードマンは「世界中の軍隊でみられたことだが、十分に成熟した大人になる前の若い男女の方が、自分たちの命を危険にさらすような命令に従うようである(7)」と述べている。さらに彼はこの年代の若者は人生を変えるような決断をためらわずに迅速に行うことも指摘している。要するにエレン・イェーガーは、まさに回心の起こりやすい年代にあり、命を危険にさらすような命令に従いやすい年代にあり、そうした決断をためらわずに行う年代にある。そしてエレンの行動は、まさにそうした特徴を散見できる。

エレンがどのような生活を送ってきたかは、物語の中で紹介されている。彼は、異様に高い壁に囲まれた城塞都市の中で、両親と幼馴染のミカサ・アッカーマンと共に暮らしていた。壁が異様に高いということは、統合失調症のトレマを想像すると分かりやすいが、一般にはそれを乗り越えて外界へ出られないということであり、外界と隔絶しているということである。それだけの高い壁によって守られなければ安全が保てない恐怖の存在が外界に存在する。そうした存在があることを忘れかけたころがエレンの一〇歳の時であった。その恐怖の存在が、巨人であった。異様に高い壁すら背丈が越して頭がでてしまうほどの大きさの巨人が、壁の上に、顔をのぞかせる。その大きさは、圧倒的な恐怖を壁の中の住民に与える。そればかりではなく、安全であるべき壁にその巨人が穴をあけてしまう。平和な彼らの暮らしはもろくも崩れてしまった。住民の安全神話が瓦解した。巨人に開けられた穴から別のその穴を通れるほどの巨人が都市の中に多く侵入してくる。その巨人の姿は、表情がなく、歩き方が異様なのである。先に述べたように不自然な動きである。そこから醸し出される恐怖は、登場人物たちと同様に観客も感じ取れるようなものであった。

穴から侵入してきた多くの巨人は都市の人々を次々に捕食する。人間が食べられてしまうというのも根源的な恐怖であろう。統合失調症患者が、ＣＩＡに追われ、殺し屋に追われて逃げ場がない、と感じる以上に、捕捉された人間は恐怖を感じるであろう。そうした人間の一人がエレンの母親であった。エレンの母親は、崩れた家の下敷きになり、助けようとするエレンを無理やり逃がし、彼の目の前で食べられてしまった。自分の力のなさを思い知ったエレンは、第一〇四期訓練兵団に入団し、巨人と戦う技術を身に着けようとする。

こうして訓練を終え一五歳になったエレンは数年前の巨人の襲来と同様に再び巨人の襲撃に出会うことになる。十分な訓練を積んだがために、余裕をもって巨人と戦えると彼は過信している。しかし実戦に臨んで、いかに自分の力が巨人の力に比べ弱いものであったかを思い知る。そして、友人のアルミンが巨人に捕らえられ、食べられそうになるのを助けようとして、逆に自分が食べられてしまう。なんと食べられてしまったエレンは巨人の体の中で生きていた。凄まじい生命力である。彼は巨人の胃液の中に沈みながら、激情をたぎらせる。ここに至ってもなお彼は絶望しない。そして巨人を「駆逐してやる」と叫ぶのである。絶叫である。そのまま彼は胃液の中に沈んでしまう。死んでしまった、と物語は思わせる。

しかし、都市の中で、巨人が人間を襲って食べ続け、エレンの幼馴染のミカサが巨人に襲われそうになった時、彼女の戦う意志を代弁するかのような巨人が出現し戦い始める。その巨人は、エレンが変身したものであった。エレンは、自分を飲み込んだ巨人の腹を破って立ち現れ、無意識のまま、他の巨人を「駆逐してやる」の彼の言葉通りに戦い始めるのである。

さて、『進撃の巨人』の物語は、若者が巨人と戦うというものであるが、なぜ巨人が登場し、巨人を防ぐ巨大な壁がどのようにしてできたのかといったようなことは、初めは、まったく不明であり、そうした不明の最大なものはエレンがなぜ巨人になったのかということであろう。

そのメカニズムはどうなっているのか。そもそも人間はある一定のサイズでしかないのに、それがエレンのように巨人になったとするとその身体を維持するための骨格はどのように人間サイズのものから巨人サイズのものに物理的に拡大できるのであろうか。そうした疑問が渦巻く。こうした多くの疑問を観客に喚起することが、ひとつのアニメの作法としてあるようである。この点について『新世紀エヴァンゲリオン』の庵野監督があるインタビュー(8)に答えていることがある。世界観をどのように作るのかといった問いに対し庵野は、

「『そこは自分達で考えて遊んでみてくれ』という風にしてあるんです。だから、バーチャルな世界をひとつ、いかにもそこに人がいるような感じに作っておいてですね。さらに、その世界観の中にポツポツと穴をあけておくんですよ。でその穴を埋める作業というのは、自分達でもできるようにしておいた」(『アニメクリエイター・インタビューズ　この人に話を聞きたい2001‐2002』三一四頁)

と述べている。これは『セーラームーン』がなぜヒットしたかの分析を述べたところであるが、この発言は庵野作品の在り方を語っているものでもあろうし、『進撃の巨人』でわれわれが喚起される右記のような疑問は、われわれ自身で考える余地があることにほかならない。ただ庵

野が言っていることとは、第三章で述べた「感情の谷」理論に照らして考えると、観客が物語世界に魅了されることの半面を述べているにすぎない。というのもエヴァンゲリオンに乗り込むシンジはかなり強い感情的な混乱状態に追い込まれていたのであり、ここでのエレンも同様である。エレンは巨人に襲われ、食べられてしまったのであるから、感情体験の極限にいる。こうした感情体験にわれわれが共振させられることが物語へ入り込む大きな動機になっており、物語にのめり込んでさらに物語世界の疑問に向き合うことがよりその世界に入り込んでゆくことになるのであろう。

エレンの巨人化

さて、エレンは自ら巨人になった。なぜどのようになったかは不明ながら、巨人になったという事実がある。そこを心理的に埋めたい。これはまさに庵野が指摘する穴を埋める作業に等しい。すなわち、作り手の策謀にはまっている。多くの人がその策謀にはまり、自分独自の見解を組み立てたことであろう。その一つがこれから述べることであるが、多くの中の一つの解釈というにすぎない。その解釈の一つが統合失調症の発病モデル（第三章）を参照するというものである。

これまでの経緯を振り返ってみると、エレンは幼い頃母が巨人に捕食されるのを目にした。

このとき自分の無力を激情とともに感じた。この激情を胸に、訓練兵として訓練を受けた。最初はうまく体のバランスを保てず、立体機動装置に適応できなかった。しかしそれも乗り越え、個人戦の格闘技にも熟達するようになる。激しい訓練に耐え、身体機能を高め、自身の身体をひとつの兵器にすることが可能になった。この訓練期間には巨人の襲来はない。したがってエレンの技能を実践で試す機会はなかった。そのため幼い頃の巨人をみたことだけが巨人についてのイメージである。このイメージに対して倒す訓練を重ねた結果、自身の戦闘能力は巨人を倒せるレベルにあると確信する。根拠のない確信である。若い人には、自身の能力を過大にみる傾向がある。なんでもできる、自身の前には無限の可能性が開かれている、と夢想する。しかし、そうした夢想は現実に遭遇した際無残にも壊れる。エレンも同じであった。

エレンが訓練を終えた時を見計らったように巨人が再度出現した。エレンは巨人に向かって立体機動装置を使って優雅に接近する。立体機動装置の作り出す疾走感はエレンの誇大な自己評価に相応しい。しかし、彼の過信は一瞬の間に打ち砕かれ、結果的に捕食されてしまった。ここで再び彼は激情を体験した。自分の無力に、絶体絶命の窮地に落とされてしまったゆえの激情である。

ここまでの流れを動きの二つの軸で説明してみたい。図6に示したように、エレンは、初め、立体機動装置をうまく使いこなせなかったのであるから鈍重であった。それが訓練を重ね

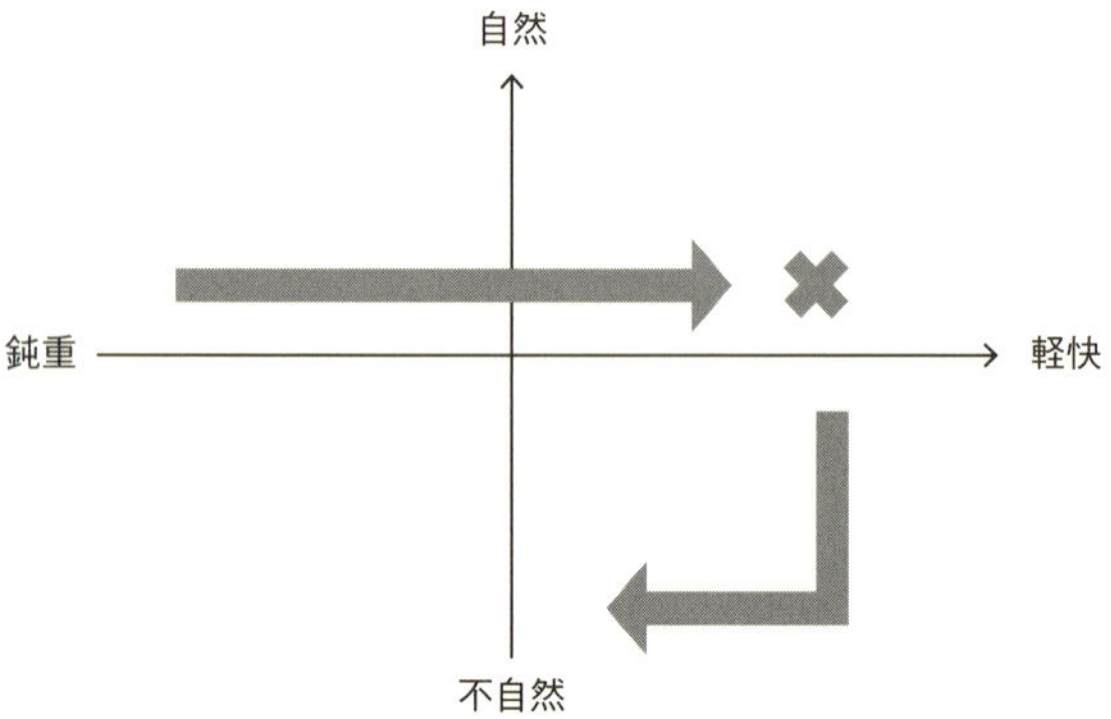

図６　動きの説明のための２軸

ることで立体機動装置を使いこなせるようになり空中を滑空できるようになる。すなわち軽快の方向に移動した。しかし巨人と戦って敗れてしまった。その敗れたことが軽快の先にある×印である。その敗北によって矢印の向きが不自然の方向に向かっている。それはエレンが巨人になったことを示している。つまり鈍重な人間が、軽快に振る舞えるようになり、その軽快さがうまく機能しなくなった時に不自然なものに変身してしまった、ということである。巨人の表情や行動は統合失調症の示すものに似ていると述べた。これに対しエレンの巨人は、人間の訓練された行動をこなすのであるが、しかし意識は「駆逐する」とあるだけでエレンのものではない。自我を失うほどの興奮状態にあるとみることができる。したがってエレンの心理がなくなるほどの異常状態にあることになり、統合失調症の示す興奮状態に対応

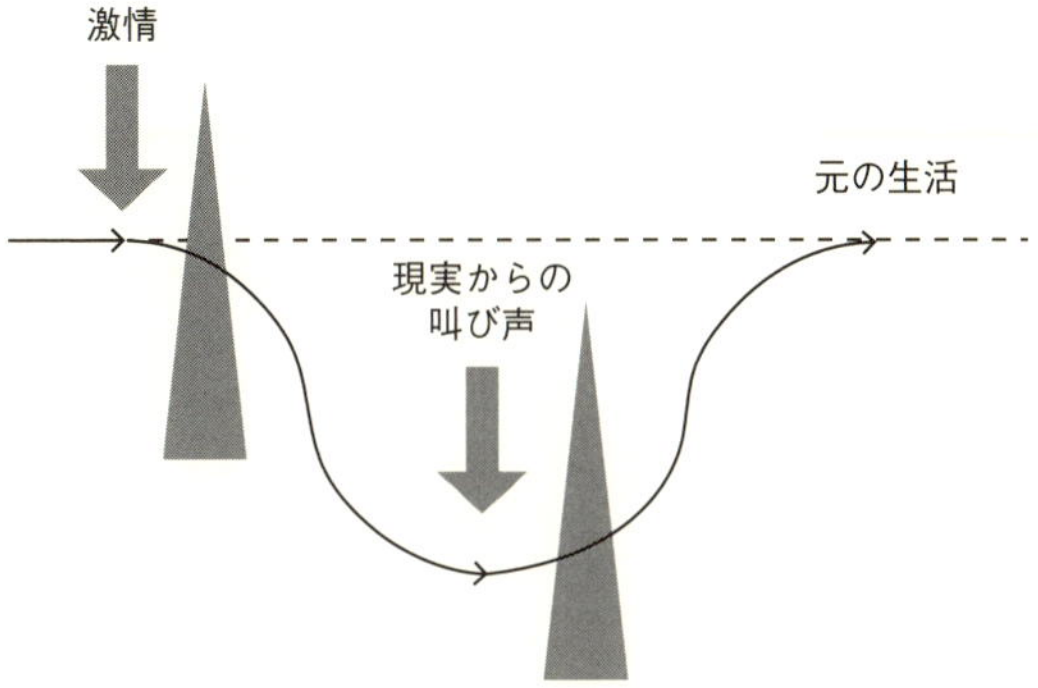

図７　感情の谷の二つの壁

する。つまり行動が軽快になりすぎると、軽快にこなせない事態に遭遇した際に、不自然に変化するということである。その変化のきっかけを作るのが、巨人に捕食されるといった事態の示す緊迫困惑気分である。緊迫困惑気分の次に巨人になるという精神病の発症があった。

石福は、自我が危機状態に陥る危機的状態の統合失調症に、身体の二重化、あるいは二重身がみられることを報告している(9)。エレンの巨人化は、精神病理学的に見た二重身のひとつの表れとも見ることができよう。巨人化を統合失調症の発症のプロセスとしてみると図７のように図示できる。

図７において激情の後に三角の障壁を置いたのは、激情だけでは巨人化しないといったことを示している。エレンは激情に駆られており、巨人に飲み込まれ、「駆逐してやる」と叫んだとしても、胃液の中に沈ん

だのである。殆ど死んだのである。要するに臨死体験をするレベルまで落ちたことになる。そこまで落ちないと巨人にならなかった。普通では巨人化しないための障壁があることになる。そして巨人化してしまうとエレンは無意識の中で他の巨人を駆逐することだけに駆動された機械のようになる。力尽きて倒れたエレンは心の奥底で、母親と平穏な生活を営んでいる。したがってそこから出てゆく理由がない。その状態からエレンを引き戻すのが、親友アルミンの呼びかけである。家の窓の外にアルミンの姿が見え、エレンに呼びかけている。その呼びかけに応えてエレンの巨人は動き始め、再び戦いを始める。つまり巨人になってしまったエレンは現実に戻る理由を持たない。それを感情の谷の底にある三角の障壁で示した。それを乗り越えるためには外からの呼びかけ、つまりアルミンの呼びかけが必要であった。

このようにエレンが巨人化するには障壁があり、簡単にはその障壁を乗り越えられないので、なかなか巨人になれない。そして一度巨人になってしまうと今度は元に戻るのを妨げる障壁が現れる。その障壁を乗り越えるためには外部からの呼びかけが必要であった。つまり巨人という症状の出現を妨げる壁と、巨人から回復するのを妨げる二つの障壁があることになる。こうした障壁の存在は、統合失調症の発病プロセスの中でも提唱されている。それは中井久夫が「ポテンシャルの壁」と名付けたものに相当する。(10)

「ポテンシャルの壁」は統合失調症の臨界期に想定されている。臨界期であるから、発病に向かうときと回復に向かうときの二つがある。まさにその時にポテンシャルの壁があり、その壁を超えないと発病も回復もしないとみなす。中井の観察した臨界期の症状は激しい身体の不調である。その身体の不調が精神病の発病への最後の抵抗だというのである。回復への臨界期にも、体の不調が起こる。これも回復への移行を妨げる体の抵抗だというのである。精神の病を体が防いでいるのであり、この時に体の言うことをよく聞けば、精神病には至らず、また精神病からの回復もみられる。こうしたポテンシャルの壁に相当するものが、エレンが巨人化するときに存在し、またエレンの巨人が動き出す時にも存在するかのように描かれていた。

巨人化が精神病の発病プロセスとその回復プロセスを模しているとしても、巨人になることが精神病の発症に等しいのであろうか。それはそうとは言えない。というのも、エレンは、確かに激情の中に取り込まれていてなお長い激しい訓練の様子や仲間との交流を思い出し、その思い出をエネルギー源として巨人を「駆逐する」と決意する。絶体絶命の窮地にあってなお、自我がその状態にめげてしまうのではない。統合失調症では、緊迫困惑気分の中で自我は周囲から圧倒され、果てには自我が周囲のものに操られるような体験をする。自我が自分のものではなく、誰かに操られているものに変化してしまう。エレンは違う。彼の自我はあくまでも彼の自我のままである。精神病の経過プロセスを経てなお、自我は明確に彼のものであり、自我の向かう先もゆるぎない。すさまじいばかりの精神力といわなければならない。この強い精神力が、エレンを魅力的にしている根源である。

ミカサ

エレンの幼馴染のミカサは悲惨な過去を持っていた。両親が暴漢に殺され、自身も誘拐されてしまったのである。その危機をエレンが救おうとした。しかしエレンは暴漢に捕まってしまう。大人と子どもなので力の差はいかんともしがたい。その時エレンはミカサに「戦え」と教える。戦わなければ生き残れない、と。その言葉にミカサは、世の中すべてに戦いがあり、弱いものは捕食されると理解する。そしてエレンを捕まえている大人を殺害する。ミカサはエレンの家に引き取られ一緒に生活するようになる。こうしたミカサであるから、エレンと同じように巨人と戦う訓練を経て、エレンと同時に巨人との戦闘に加わる。

ミカサはエレンが巨人に捕食されたことを知る。一心同体のようであったエレンであるので、心理的に動揺するのは仕方がない。自暴自棄のように立体機動装置を使い、装置の燃料が切れるにまかせてしまう。燃料が切れ、路上に降りたミカサは巨人に対面する。既に燃料が切れた彼女には何もできないと感じ無力感にとらわれる。しかしそこで、エレンが巨人の胃液の中で仲間との過去を思い返したように、過去がよみがえり、「戦え！」というエレンの言葉が彼女の心を再び奮い立たせ、戦う決意を固める。巨人に向かって身構えた時、そのミカサの上を巨人になったエレンが飛び越え、まさに彼女の意志を代弁するかのように巨人に戦いを挑んでゆく。『パーフェクトブルー』でバーチャル未麻を紹介した際に、バーチャル未麻がルミに憑依し、未麻になったように振る舞ったことを述べた。ここではミカサの戦う決意が、エレンの巨人に憑依したかのようである。ミカサは、一瞬、何が起こったのか理解できないまま、しかし直観的にエレンの巨人をエレンと同定する。一心同体であったミカサであるからエレンを同定できるのであり、エレンが巨人の中にあって無意識の状態にあっても、それでもなお理解できてしまう。そこまでの強い心の繋がりがあるといえる。

こうしてみてくると巨人になったエレンは、ミカサによってその存在が感受され、無意識になったエレンはアルミンによって心の奥底から引き戻される。この巨人は、身近に自分を支えてくれる友を持っていた。エヴァンゲリオンに乗り込むシンジは、心理的に孤立し、徐々に彼の精神が崩壊してゆくのとは対比的に、エレンは友に支えられ、さらには仲間に支えられ、相互に緊密な仲間集団の中に彼の居場所が作られてゆく。

まとめ

アニメーションの動きは「鈍重－軽快」、「自然－不自然」の二つの軸にまとめられた。『進撃の巨人』のエレンは、立体機動装置を身に着けることで鈍重な身体から軽快さを身に着け、巨人と戦う力を身に着けたと過信した。しかし現実に巨人と戦い、自身が捕食されてしまった。この絶望的な状況で、巨人に変身した。緊迫困惑気分の状況下で、巨人に変身したのであるから、「自然－不自然」の軸の不自然にシフトした。「鈍重－軽快」の軸上で鈍重から軽快に移行し、さらに軽快から不自然に移行したのである。この不自然は、統合失調症の動きに類似したものが表される巨人の動きのものであった。エレンの巨人は、一五歳の少年から変身したものであるので、普通に考えれば、自身の体のサイズの変化に適応しないと動けないと思われるが、そうした点は細かな点として無視されてしまう。巨人として十全の戦闘能力を発揮し、無意識のうちに習い覚えた戦いの技術を発揮している。不自然さは体が大きくなったということと「駆逐してやる」といった巨人への憎悪のみで動いているようにみえるところにあった。立体機動装置による飛翔が身体の軽快さを示し、その飛翔についてゆくときの心理的な爽快感は、軽快さの極致であろう。巨人に追われた恐怖感をエレンの巨人が駆逐する解放感は、閉塞社会の圧迫感を開放するエネルギーにもなっている。そうした彼は、異常な体験をしているのであり、統合失調症の発病モデルに従って体験の異常さは顕著になってゆくにしても、その彼は周囲から支えられ、信頼されて、確固たる位置を確保する。居場所がある。異常な体験をするものであっても、社会から排除されず、かえって評価される。ここでは異常な体験が、排除すべき異物ではなく、個性と認められている。

先の章では、現実に受け入れられない出来事があると異界に行き、そこで仲間を得て悟りを得ると述べた。しかしその一方で異界でも受け入れられない出来事があると図3に示したように虚無に捕らわれるとした。『バケモノの子』の一郎彦がそうした存在であった。『進撃の巨人』のエレンは、現実において受け入れがたい母が巨人に捕食された事実を目にしても異界に行ってしまうわけではなく、あくまでも現実の巨人を倒すことを目的とし、その目的のために戦闘訓練を受けていた。しかしその戦闘訓練がほとんど役に立たなかった時に巨人になった。巨人になると「駆逐する」という思いのみ残されその他のエレンの意識はなくなってしまう。つまり虚無を抱えていることになる。この意味では一郎彦と同じである。一郎彦と異なっているのは、虚無を抱えた彼を、それでも支える仲間がいたということである。絶対的に信頼できる仲間の存在が、この年代の若者たちには価値のあるものなのであろう。そこにこの作品のヒットのひとつの理由があると思える。

仲間が大事、という発想は、日本のマンガやアニメの伝統に根づいている。例えば『ドラゴンボール』のシリーズでも、当初は好敵手として戦っても、やがては仲間となって新たな敵との戦いに挑んでゆくという流れがあって、人気を呼んだ。敵であっても、戦いを通じて、心が通じ合えれば仲間になれると語る。そのため仲間がどんどん増えていった。しかし『進撃の巨人』では、巨人との対話は成り立たず、戦いを通して心が通じ合えるのは、共に戦う同志的な仲間であり、しかもエレンを文句なしに支えるのは幼馴染である。巨人との戦いで仲間はどんどん減り、残された仲間の中でより強固な信頼関係が生じる。悲壮感を伴った仲間関係が、重要なのであった。

引用文献

(1) 野村康治・横田正夫（二〇〇五）アニメーションにおける「動き」表現の検討．『アニメーション研究』六（1A）、二三～二七頁

(2) 野村康治・野村健太（二〇一六）アニメーション制作実習課題の検討とその作品の印象評価．日本映像学会映像心理学研究会口頭発表、平成二八年三月六日（日本大学文理学部百周年記念館）

(3) 西丸四方（一九八八）『精神医学入門』（第二三版）南山堂

(4) 横田正夫（二〇〇六）『アニメーションの臨床心理学』誠信書房

(5) 中安信夫（二〇一三）『統合失調症の病態心理　要説：状況意味失認──内因反応仮説』星和書店

(6) G・E・W・スコビィ／中村昭之（監訳）（一九九六）『宗教心理学』大明堂

(7) R・フリードマン／鍋島俊隆（監訳）（二〇一一）『我々の内なる狂気　統合失調症は神経生物学的過程である』星和書店　一六二～一六三頁

(8) 庵野秀明（二〇一一）庵野秀明のアニメスタイル．小黒祐一郎『アニメクリエイター・インタビューズ　この人に話を

聞きたい2001 - 2002』講談社　三一〇～三七六頁
（9）石福恒雄（一九七七）『身体の現象学』金剛出版
（10）中井久夫（監修・解説）（二〇一五）『中井久夫と考える患者シリーズ1　統合失調症をたどる』ラグーナ出版

第五章

『君の名は。』

大ヒット

『君の名は。』は大ヒットした長編アニメーションである。キネマ旬報の日本映画興行収入ランキング第1位にあげられ、二〇一七年二月一九日時点の興行収入は二四三億三七八六万円と報告されていた。

この作品は、男女のそれぞれが相互の身体の中に入れ替わってしまうという話である。夢の中で行われる交換なので、起きてからその記憶はすぐに薄れてしまう。そこで彼らは、入れ替わったときに何をしたかを携帯に記録し、相互の生活を破綻なく過ごせるような工夫をする。しかしそこは性を異にするから、お互いが、元の性の行動をとってしまうので、周りから注目を浴びてしまう。そしてそれがかえって魅力的で、異性から好感をもたれるようになってしまう。

この話にそもそもの最初から違和感を持つ。というのも、青年期の性への関心が高じる時代に、性が入れ替わるのであるから、エロティックな雑誌を覗き見する以上に、異性の身体を探索しないではいられないだろうし、それはまさに性の対象としての関心と思われる。その関心は、ただ胸を触る程度では済まないであろう（竹内の小説に生々しく描かれている）[1]。しかしアニメーションでは、異性の身体の探索は、ほとんど飛ばしてしまう。身体的な生々しさがない。そうした生身の身体についての関心の欠如といえるほどの表現の乏しさと同時に、通常ならば異性の身体に入り込んで気持ち悪いといった生理的な嫌悪感を持つと思うのだが、それもない。通常、自身の身体は唯一無二のものであるから、少しの痛みがあっても、それが体全体に影響を与え、日常生活を負担なものにする。ましてや身体そのものが変化してしまうのである。先に『進撃の巨人』で、生身のサイズの人間から巨大なサイズに変換した際に、その身体に慣れるのに時間がかかるはずだと述べたが、それと同じことがここでもおころう。もともと持っていた身体イメージが、大きさも形もまったく変化してしまうのであるから、その変化した身体イメージへの適応に相当の努力が必要であろう。しかしそうしたことは平然と無視される。ここにも身体の持っている生き物としての生々しさがない。

さらには自分の身体ではない他者の身体に、それも顔に「バカ」といった雑言を書き込む。他者の身体とは言え、意識が入り込んでいる身体である。その身体に雑言を書く行為は、自傷行為に等しい。しかし、まるで子どもが悪戯書きして遊んでいるように、面白可笑しく表現している。他者の身体に対する尊厳に乏しいと言わざるを得ない。

アニメーションであるからそれでよい、ということではない。むしろそうした表現の示す身体の生々しさを排除する方向の好みが、今の社会に、一般化しているということなのであろう。というのも、『君の名は。』で描かれていることは、現実の持っている三次元的な物理的空間と流れる時間の一方向性を、空無化するものであるからである。空無化とは何かといえば、物理的空間と時間の流れを無視して物語が構成されるということである。つまり空間と時間を飛び越えて、起こってしまった結果を、別のものに変えることができる、しかもそれを成り立たせるのが、身体を交換した男女の相互によせる好意なのだ、と個人的な繋がりに還元する。すべての物語の結末が、もっとも単純な男女の繋がりが成り立つ瞬間の奇跡に集約される。身体の生々しさを排し、心が純粋に、引き寄せ合い、出会う。それが奇跡だと語る。その奇跡の物語に立ち会う快感がヒットにつながっている。そこでは身体的な生々しさは排除されなければならないのである。

アニメーションは、眠っている女の子の肢体から始まる。無防備に横たわる女の子を、足の先からカメラが写してゆき、顔に至る。女の子の肢体全体は、エロティックになりすぎず、かといって無機質ではなく、非常に好感の持てる形であり、輪郭である。腿のふくよかさや肌の艶の良さ、健康さや被服を通して感じられる胸の小さな膨らみがある。そうした女の子の魅力が、ここに集約されている。「瀧君」という声に目を覚ました女の子は、戸惑ったように、自分の身体、特に胸を見下ろし、寝巻の上から胸を触ってよくできていると不思議な感想をもらす。妹の存在に驚き、さらには鏡の前で寝巻を脱いで自身の身体を映して絶句する。女の子は、自身の身体を、身体イメージから捉えるのではなく、鏡に映ったもので間接的に把握する。胸を触る行為も、触覚を通して、身体の形を理解していることになる。つまり自身の身体についての、自身の身体イメージが希薄である。そのためにより抽象化された線で、際立つようなキャラクターができ上がっていた。客観的に見て整った美しさが感じられる肢体である必要があった。ファーストシーンの意味は、観客にキャラクターの身体を視覚的、触覚的にみせることで、登場人物の体験に観客を同化させ、同時に性的な属性を持つキャラクターの形象を際立たせることにあったということなのであろう。そこには性的な探索の興味は全くない。観客の思いを乗せる受け皿として最適なキャラクターの造形が求められており、男性からも女性からも好感を持って受け入れられる形象がここで立ち上がったということである。

映画的空間での飛越

『君の名は。』は、映画のカッティング技法に即してみると違和感がある。アニメーションの始まりのほうで、宮水三葉が登校途中に、名取早耶香を後ろに乗せた同級生の勅使河原克彦が自転車でやって来る。後ろから声をかけられた三葉は道の中央より右寄りに立っている。やって来た早耶香が自転車から降りる時には、三葉は道路の逆側寄りに立っている。いつの間にそちらに移動したのであろう。しかも細かいことであるが道路の路肩には白い線がなかったはずなのだが、ここでは入っている。

早耶香が自転車から降りて三人が並ぶのは正面から見て右から三葉、早耶香、勅使河原の順である。それがロングショットで彼らの歩みを示した次のカットでは、右から勅使河原、三葉、早耶香の順に並ぶように変化している。その彼らが橋の上に来たことを示してはいないが、次の画面では、橋を渡るロングショットになっており、この画面ではすでに橋の真ん中あたりにいる。早耶香が小走りになって勅使河原の背中を押す動作が描かれる（この時はまだ橋の端にいるのであり渡り切ってはいない）。次のカットではすでに橋を渡り終えており、正面から捉えるショットでは三葉が小走りで二人の間に入り、右から勅使河原、三葉、早耶香の順になっている。ここまでは道の左側を通行している。父親が演説しているのに出会う三葉たちの並び順は、右から早耶香、三葉、勅使河原である。この時は道の右側を進んでいる（父親の演説に出会わせるためだけに右側通行になったようである）。そして早耶香が最も後ろに位置し、三葉、勅使河原の縦並びに近くなっている。つまりいつの間にか勅使河原と早耶香の位置が逆転している。一般的に通学路で、同じ方向に進んでいるのであるから、自転車を押す勅使河原と三葉、早耶香は同じ並びで歩き、道路の同じ側を歩くと思うのだが、そうなっていない（ちなみに、学校帰りの三人の並びは不変なままであるように描かれている）。日常の登校するときの規則性が、寸断されている。

さらに、三葉の父親の演説しているところを通り抜けようとする際に、同級生に声かけられて立ちどまるが、その時には横からのカットで三人が近くに横に並んでいるように描いている。

それが、正面からのカットになったときに、左から順に勅使河原、三葉、早耶香が縦に少しずれているように見える。三葉が先に歩き出し、勅使河原がそれに従って歩き出して、アクションカットのように次のカットに続くが、そのカットではすでに同級生たちを通り越している。先頭に三葉がおり、次に自転車の勅使河原、早耶香はそれにかなり遅れている。それぞれのカット間で、三人の並びの空間的位置関係が異なっており、時間的連続性が寸断され、時間がつながっていないように見える。しかしこの間、セリフはカット間で繋がっているので、声による時間的連続性は保たれている。声の連続性を空間に生かすならば、三葉はアクションカットで繋がっているのが映画的表現として正しいように思うのだが、しかしそれにもかかわらず、カット間で空間的な位置関係は飛越している。

この点に関し作画監督の安藤は興味深い発言をしている。(2) 引用してみたい。

「時間の流れとして連続しているカットを繋いでいく上で、そのカット内での動きの設計を考えることは、けっこう苦心したというか、新海さんの作品って『秒速～』や『言の葉～』などが特徴として代表的なものなんですけど、カットとカットが独立して単体で描き出されている感じなんです。それらのカットが点描として織られて一つの作品になっている。ですが『君の名は。』という作品は、そういう演出だけではやれない。カット同士の動きがスムーズにつながっているように見えないといけないシーンが多いんです。新海さんはそういう連続性をコントロールするための演出面での指示があまりなく、作画の現場で決めなくてはいけないことが多くて、正直しんどかった…。」（『ＭｄＮ　一〇月号』第二七〇巻、三六頁）

少し長い引用になったが、安藤の言わんとしていることはカット間での繋がりをいかに作り出すかに苦労したということである。先述したことはまさにカットの連続性が切れていることを示している。しかしそうした切れていることを感じさせないように、三葉が小走りになるとか歩き出すとかの動きをカットの始まりや終わりに加えることで、その動きがアクションカット繋がりのようになって、キャラクターの位置の飛越を気づかなくさせている。

このことは逆に考えれば、日常的な空間と時間に縛られないアニメ空間の創造ということになる。先に動きを説明する「鈍重－軽快」と「自然－不自然」の二つの軸を紹介した。二つの軸は歩きの動きを説明するための軸であったが、それを拡張し、シーケンスごとに当てはめることもできるだろう。つまりここで紹介したようなカット間での登場人物たちの位置の飛越は、まさに人物たちの飛越的感覚に近く、軽快なものとしている。同じ並びでの移動よりは、並びが変化することによる新鮮さの印象がある。三葉はいつも中心で、注意の集中を集めるが、その左右は入れ替わる。入れ替わることによる並びの新鮮さが、より三葉の存在を、目立たせる。それは横の並びだけでなく、縦の並びにも起こる。同じテンポで、通常は、移動していると期待されるものを、そのテンポを外すことで軽快さを引き出す。物理的時間をもとにした動きの連続性を無視しても、作り出したいアニメーションのテンポがあるということなのであろう。そこを、映画的につなげる工夫を如何に行うかが安藤の苦心したところということなのであろう。観客を乗せてしまう画面の軽快は、ここでは位置の飛越が、作り出している。

キャラクターの飛越

三葉は、先述のように、若い肢体を寝姿で見せていた。まだあどけなさが残る女子高生である。その女子高生は、宮水神社の巫女として踊りを奉納する際には、凛とした姿を示す。しかしその一方で、高校で、勅使河原と早耶香と一緒の時は顔をマンガ顔にするときもある。瀧の意識が入り込んだ時には男っぽい振る舞いになる。同じ個性ではあるが、その振れ幅は、凛とした女性のような振る舞い、マンガのようなくだけた感じを与える行為、そして心の底にある男性性を賦活させたような振る舞いに至るまでである。瀧の意識が入ったときの三葉の振る舞いが、単に男性のものであったとしたならば、周囲は三葉の性格が変わった、あるいは人格が変わった、と捉え、精神的な病を考えるであろう。しかしそうはならなかった。瀧の意識が入った三葉の振る舞いは、もともとの彼女の中にある男性性が露わになった行為として周囲の許容範囲だったことになる。もともとかなりお転婆だったということなのであろう。勅使河原と早耶香という身近な友人たちも、宮水神社の奉納の踊りで負担が大きいのだろうといった解釈を下し、少し変だった程度に収めている。つまり三葉の振る舞いに飛越があったとしても、それらは許容範囲として捉えられていた。

振る舞いはその背後にパーソナリティを想定する。三葉は、もともと物事にこだわらず、活発な子だったとみることができる。その証拠に、瀧の身体に入った三葉は、東京の街を楽しみ、食べ物を満喫する。その出来事にショックを受けたり、落ち込んだりするわけではない。明るく元気な女の子で、どこか男っぽさを秘めている。その男っぽさが、三葉の友人たちにも受け入れられているがために、三葉の身体に入っている時の瀧の行動も、周囲から違和感なく受け入れられている。むしろ三葉は、勅使河原にとって魅力的であるらしい。瀧の意識の入り込んだ三葉が起こす、町の救済計画に、勅使河原と早耶香が巻き込まれる。三葉の熱意に、早耶香は疑いの気持ちを持ちながらも、乗せられてゆく。個人の熱意が、周囲の人を巻き込んで物事を成し遂げてゆくという流れは、アニメーションで好んで取り上げられる。アニメーションの観客は、熱血が好きである。それは絵を描くアニメーターも同様であろう。キャラクターにのめり込まなければ描けない、といったことであろうし、それは監督の熱意が周囲に伝わるということによって生ずることであろう。作り手の熱気がキャラクターに乗り移り、キャラクターの熱気が、周囲の登場人物を乗せ、そうした熱血に、観客も乗せられてゆく、という良好な関係が成り立っているということであろう。要するに、作り手、キャラクター、観客が、一体となるような体験が生じている。

さて、彗星の落下のエピソードが終わり、瀧と三葉が街中ですれ違うエピソードが繰り返される。雪道の陸橋で交差し、遠ざかって、足を止める瀧とやはり足を止める三葉。顔を振り返らせた三葉は、都会的な艶めかしさのある成人女性となっていた。成長の過程の中で、かつての幼さは影を潜めている。高校生から成人女性への飛越がここにある。しかしその彼女が、階段で瀧に再会した時、大粒の涙をボロボロ流す。その顔は幼いものになっていた。

以上のようにアニメーションのキャラクターとしての三葉は、大きく揺れ動く存在であり、多面体の様相を示す。個性が、場面ごとに、変化し、定まらない。これがアニメーションの新しいキャラクターの魅力になっている。しかしそのキャラクターは熱血であり、その熱血ぶりは周囲の人々ばかりでなく観客をも巻き込む魅力にあふれていた。

映画的時間の短縮

アニメーションで登場する糸守神社のご神体は山の天辺の岩穴の中にあった。そのご神体に口噛み酒を奉納するために瀧の意識を持った三葉は、三葉の祖母の一葉、妹の四葉と一緒に山に登る。途中三葉は、山登りに難儀そうな一葉を背負おうとする。実際に背負ってみると、女の身体であるので、思わずよろけてしまう。男の身体ではなかった、と改めて気づかされる。背負って山を登って、途中休憩をはさみ山頂に辿り着く。口噛み酒を奉納し、帰路につき、街の全貌が見える場所で、四葉が「かたわれ時」というので、夕刻になっていることが分かる。つまり時間経過で言えばご神体への往復に必要な時間は、祖母のゆっくりした足取りを入れても朝に出かけ夕刻に至る一日がかりということである。

次に瀧自身が、三葉の失われた記憶を取り戻そうと、ご神体のある山頂を捜し歩くシーンがある。朝、弁当を持って上り始め、途中で弁当を食べてから、山頂に行き着く。ということは、探しながら登るのであるから時間をかなりロスしているとしても、地図を頼りに、地図の道を辿りながらやってきているのであるから比較的速やかに着いたと考えることができる。それにしても朝に出かけ途中昼食を取っているのであるから、相当の時間を要したことは確かであろう。

しかし彗星が落ちてくるので町民を避難させようと必死になっている滝の意識を持った三葉が、ご神体のところに三葉の意識を持った瀧がいると気づき（なぜかそこにいると感応してしまう）、疾走して上ってゆく。そして観客の早く行きついてという願望を十分に引き受けて、あっという間に行き着いてしまう。瀧の意識の三葉が山頂に向かうのは彗星が落ちてくるのにもう時間がないと思っている頃であり、山頂に着いたのはかたわれ時の少し前である。その間の時間経過はわずかであったろう。そしてそこで次元を異にした三葉と瀧が出会うのである。

こうしてみると麓から山頂までの到達時間が、瀧の三回の登山の内で徐々に短縮してきていることに気づく。三回目の登山は、勅使河原から借りた自転車を途中まで使っていかに早く駆け上ったとはいえ、そんなにすぐ行き着くはずがないと思えるくらい短時間なのである。観客の意識では三度目の登山であるという既視感が、移動の時間の短縮を、気づかせなくさせている（後述のように、ここに挿入される三葉の記憶も影響していよう）。時間の短縮を、確信的に行い、登場人物の感情を最高潮に高める。この最高潮に高められた瞬間に次元を超えた出会いが起こった。要するに時間の飛越があり、その後で空間の飛越が起こり、瀧と三葉の出会いに繋がっている。ここに最大の非日常の体験が生ずる。

非日常であることとは、彼らの背後に広がる下界の様子によっても知ることができる。下界には雲海が広がり、雲海の中に見えているのは、瓢箪のようになっている湖である。それは下界との距離を考えれば、非常に大きいものになっていると思われる。雲海が広がるほどの高地であるならば、それほど大きな湖は、下界ではきっと巨大なものであろう。しかしそうしたことは、彼らの出会う背景としての湖であるので、気にしてはいけない。ただ美しければよい。一方で、山頂の火口にできたご神体を取り巻く空間を見てみよう。ご神体のある岩場の横には木が生えており、その平地には豊かな水があり、しかもその水は流れている。どこに流れる水の水源があるのだろうと考えたくなるが、それも気にしてはいけない。いずれも、夢の中の出来事であれば、美しい背景は、願望充足的に、主人公たちの背景に相応しい。いずれも非日常ならではのものである。安藤が述べているように、全てのカットは、点描として描かれているのであり、カット間で緊密な映画的空間を成すわけではない。そこには現代人の物理的客観的空間よりもこうあってほしいという快適空間への嗜好が反映されている。第一章で先述したように、キャラクターの激情に観客が同化してしまえば、アニメーション世界は成り立つ。ご神体の周辺の空間も山頂から見渡せる下界の様相も、劇的であり、観客の期待する、パノラマなのである。

並行空間での飛越

登場人物の瀧と三葉は意識を入れ替えて生活するのであるから彼らの関係は並行空間の間の入れ替わりとして図8のようにあらわせるだろう。グレーの矢印は瀧の意識、白の矢印は三葉の意識である。

東京に出ることにあこがれていた三葉は、瀧の身体に入りこんで、東京生活を満喫する。美味しいケーキを食べ、大満足である。それに対し瀧は三葉の身体に入り込んで、田舎生活に戸惑う。その顛末が、三葉の意識が自身の身体にある時に知られる。喧嘩腰になったり、股を広げて座ったり、バスケットボールで大活躍したりといったことである。いずれも自身の記憶にはないことであるので、図8に示した矢印間には断絶が存在する。

こうした記憶の断絶は、補修するのが大変であろうと思う。しかし、その大変さについての表現はほとんどない。通常、心理学では意識の流れの連続がアイデンティティの維持に必要と考えている。その流れの断絶が他者によって捉えられ、問題視されれば、精神的な問題として扱われることになる。そうした事態の一つの例が、瀧の意識を持った三葉が父親に会いに行き、説得しようとしたときに、父親に「お前は誰だ」と誰何されるシーンに相当しよう。意識の変容が第三者に認められ、問題視されれば、精神的な問題として医療の対象になる。父親の見出したことは、三葉の精神的な問題であると通常ならば理解されるものであった。それを父親は、宮水家の血筋として別様の解釈を下した。不思議な体験を語ることを、三葉の亡くなった母親の二葉に、見たことがあったということが父親の発言から想像される。言い換えれば、精神的な問題として捉えられるような異常事態が、通常のこととして、父親を含めた親たちの大人世代に受け入れられている。このことは異常を異常として捉える感度が作中において鈍くなっていることを示している。

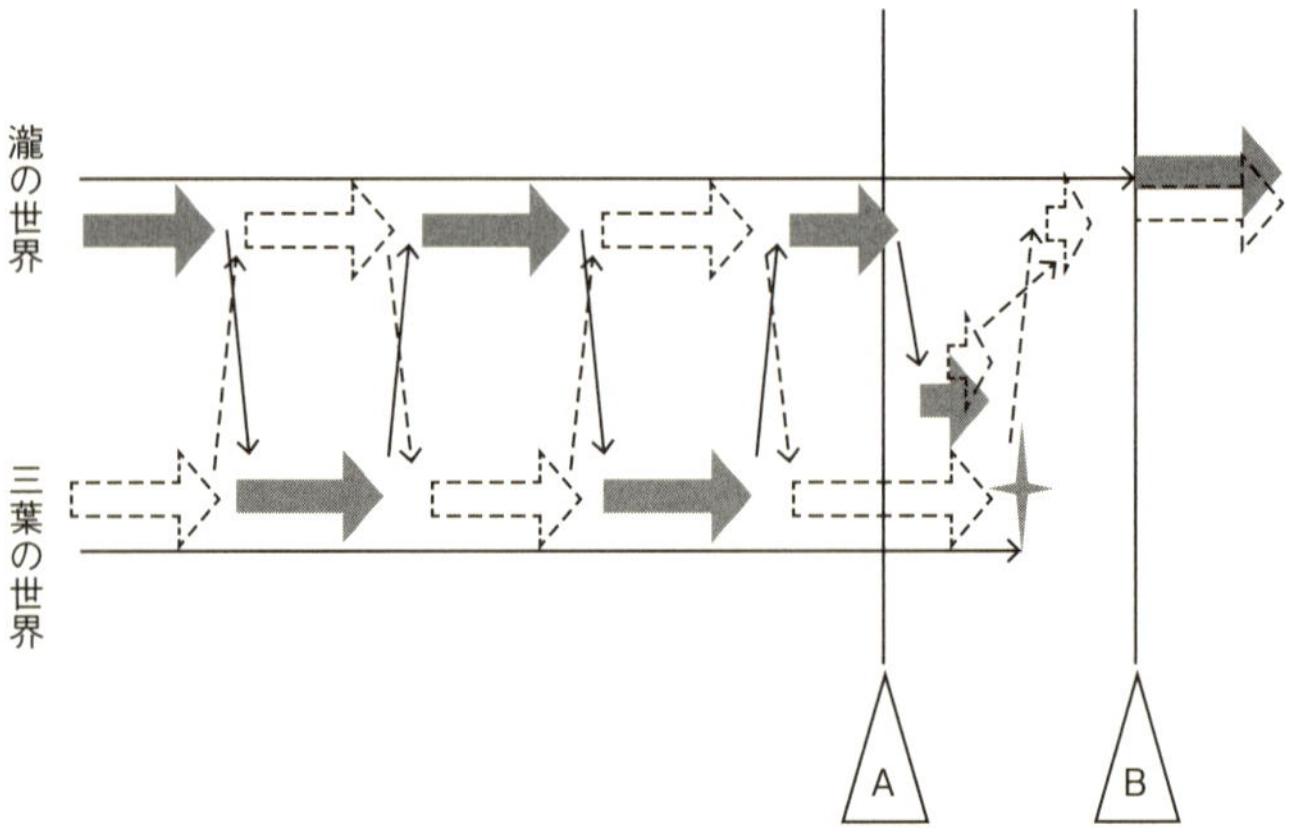

図８　並行世界と記憶の狭間（A－B間）

図８で示した瀧と三葉の体験は、連続しておらず、まさに断片化している。断片化した体験は精神障害で体験される類のものである。統合失調症者の描画をもとに、描画が示す断片化の特徴が今の日本のアニメーションの中にも存在することを先の著書[3]で紹介した。同じことがここでも言える。体験の断片化が起こり、それで物語が成り立っている。連続しないエピソードがつなげられ、そもそも夢の体験なので忘れられてしまうという特徴を持つものであるから、明瞭な連続性が成り立ちえない。そうした断片の繋がりで示されるものは心地良いものだけであるので、エピソード間の忘れられてしまった時間の出来事は、観客が想像で補うしかない。そうした観客の行う補いが、この物語世界を成立させる大きな要素である。飛越するエピソー

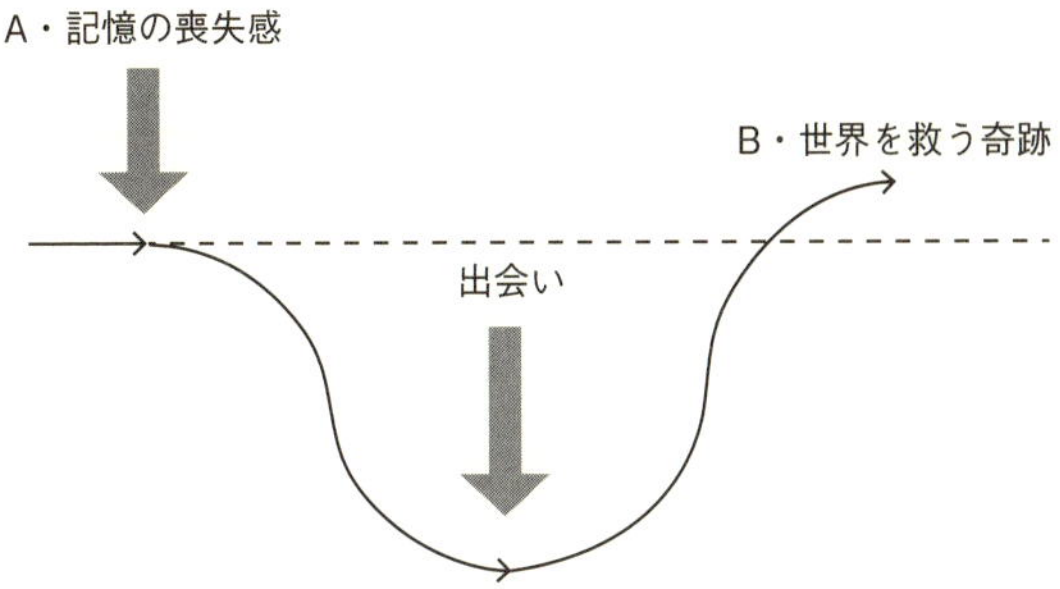

図９　Ａ―Ｂ間（感情の谷＝失われた記憶）

ド間を、観客が埋めることで、物語世界によりのめり込む。先の章で紹介した、庵野監督の発言[4]によれば、基本的な世界観に穴をあけておき、それを観客に埋めさせるようにするのが作品をヒットさせるコツであった。『君の名は。』の物語の進行は断片化したものから成り立っているので、そこを埋めるように観客が想像力を働かせなければならない。三葉の父親の対応も、そうした想像力を喚起させる一つの起爆剤なのである。

しかし、瀧の意識を持った三葉では父親を説得できなかった。このままでは三葉の身体が彗星で滅ぼされてしまう。三葉を救いたい瀧の意識は、絶体絶命の状態にある。こうした時に、先に紹介したように、ご神体のある山頂に三葉がいることを察知する。ここに感情の谷理論の入り込む余地が生じる。それが図８のＡとＢの間として示したものであり、それを単純化して示した図９である。

感情の谷の造形

三回目に頂上に上る際に、三葉の存在に気づく瀧の意識を持った三葉に、風が吹き、髪を揺らす。三葉の意識を持った瀧の存在を知らせるために風の力が働いているようである。そうした気づきの表現があり、勅使河原の自転車を奪うようにして、山頂を目指す。山道を一生懸命に上りながら、三葉が前日東京に出かけ、三年前の瀧に出会うために東京をさまよった顚末が挿入される。これは三葉の体験であるのにもかかわらず、瀧の意識を持った三葉が、思い出しているようである。意識の混淆があるとしかいいようがない。瀧との出会いの記憶が蘇ってきた時、思わず自転車を崖から落としてしまう。危なく枝に掴まって、落下を免れる。元気を取り直して走り出す。つんのめって手をついて、倒れずに、前のめりになりながらも前へ進む。こうした走るのに抵抗がありながらも、一生懸命に走る姿には、思わず頑張れと言いたくなる。またそう言わせるような雰囲気をアニメーションは三葉の動きの中に呼び起こしている。それは、走りの疾走感を高めることで、疾走感の背後の三葉の心理的な逼迫感を想像させることに繋がっている。

山頂では三葉の意識を持った瀧が、待ち受けている。その待ち受けている意識を受けて、瀧の意識を持った三葉が頂上に到達する。意識の混淆があるようであり、そうした混淆が、山頂までの空間を短縮化させている。先述のように、それを観客は意識しない。三葉の走りの逼迫感がそうした距離の短縮を忘れさせる。むしろ逼迫感があるがために、空間を、飛越しているともとれる。そもそも意識の混淆と逼迫感は、感情の谷での出来事に相応しい。

では感情の谷の入口はどこだったのであろうか。それは、瀧が、三葉の記憶を取り戻そうと、ご神体を見つけるために山頂を目指した二回目の登山の時に起こった。ご神体を見つけた瀧は、三葉の記憶を思い出そうと、奉納してあった三葉の口噛み酒を飲む。立ち上がろうとして、足を滑らせ、仰向けに倒れながら、天井に描かれた彗星の絵に気づき、それを視野に収めながら後頭部を強打する。彼の意識は、三葉が彗星の落下で死に至ったその瞬間に体験したのであろう、臨死体験に同期したかのように、三葉自身の個人史を走馬灯のようにイメージの連鎖として体験する。三葉が死んだ、と強烈に意識して、目を覚ますと、彗星落下前の三葉の体の中に意識が入り込んでいる。

これまで述べてきた感情の谷理論では、大きな葛藤状態に追い込まれて心の混乱状態に落ち込むか、現実世界で受け入れられないような悲惨な出来事に出会って異界へ入り込むというような形で感情の谷に入り込んだ。『君の名は。』では、他者（三葉）の死の体験を、そのまま追体験することで感情の谷（すでに滅んでしまった世界の前の世界）に入り込んだ。この辺の時間経緯を図示する試みが、図8のAとBの間の矢印の関係である。図の一番下の矢印の先が十字で途切れている。この十字が彗星で滅びた世界、つまりこの時に三葉の死がある。しかし三葉の身体に瀧の意識が入り込むのはそれよりも前の時間なので、中段に瀧の意識を示すグレーの矢印を置いた。空間と時間のねじれがあり、そこに瀧の意識が入り込んだのである。精神病理的に見れば、瀧が異常体験のなかにあることになる。したがって、異常体験のなかでの出来事は、時間空間の歪みが生じるのであるから、瀧の意識を持った三葉が、ご神体のある山頂に、時間と空間を飛越して到達するのは当然のことである。

一方、三葉もご神体の前で意識が目覚めるが、三葉の意識は瀧の体の中にある。私は死んだの、と呟きながら目覚めるのであるから、同じように感情の谷の中にある。つまり異常体験を持っている。そして瀧の身体を通して三葉の意識は山頂から下界の無残にもなくなってしまった街を目にする。三葉は、未来の世界を目にしている。そんな三葉が、瀧がやって来るのに感応し、山頂で、違う時間の流れにあるはずの二人が、同じ空間に同期して同時に存在するようになる。ここでは空間の捻れが生じている。それを図8では瀧のグレーの矢印と三葉の白の矢印の重なりで示した。山頂で出会った二人は、感情の高ぶりを体験する。そのことを表すかのように、風が吹き二人の髪を揺らす。感情の高まりが、髪の毛を揺らす風となったかのようである。しかし、その時間は短く、そしてかたわれ時が過ぎた時に、三葉が一人取り残される。自分が一度死んだということを強烈に自覚している彼女は、感情の谷にいる（死を体験した以前の時間に遡って存在している）のであり、そのため一瞬の間に山頂から麓まで駆け降りる。瀧の意識を持った三葉が山を登るのに要した時間よりはるかに短縮した時間表現である。飛越した空間が、三葉の疾走の様子によって暗示される。下界でも、三葉は必死に走り、空を見上げて彗星が割れるのを目にして、動揺したのもあり、躓いて、ゴロゴロと幾度も身体を回転させて、坂道を転がり落ち、しかも大きく弾んで、身体を捻じらせて止まる。それほど転がって身体が何ともないのかしらと思うほど、身体が捻じれているが、若い身体は柔らかいらしく傷ついたりしていない。三葉は、気を失っていたらしく、目を開け、閉じていた手を開いて見ると、山頂で瀧が手のひらに書いた文字がそこにあった。そこには「すきだ」と書いてある。名前を忘れてしまっている三葉は、愕然としながらも、立ち上がり更に必死に走り出す。父のいる町長室に、汗まみれの姿で現れる。走りが、一度転んで頓挫した後で、さらに走り出して瞬間移動したようである。『進撃の巨人』の紹介（第四章参照）で、軽快の極で停止されると不自然に転換することを述べた。『君の名は。』では、三葉の走りの飛越感が、転がることで停止させられ、その後に不自然たる奇跡に至るとみることができる（先には説得できなかった父を今度は説得できた、そして町の住人を助けることができた）。その経緯は、図9で、実線が瀧の感情の谷で、それを引き継いだ点線が三葉の感情の谷であることを示し、三葉の点線は、現実のレベルを超えて、上へ突出したことで奇跡が生じたことを示している。

感情の谷のその後

感情の谷に落ち込んで、必死に、瀧は三葉を救おうとし、三葉は町の人たちを救おうとした。それは誠に必死であった。その後どうなったのであろうか。町が彗星の落下で灰燼に帰したことが、ダイナミックな映像で示される。そして瀧が、山頂で、なぜここに来たのかを思い出せないまま一夜を明かしたことが語られる。その後の顛末は、詳しく語られないまま、いつしか瀧は就職活動でうまくいかない毎日を過ごしている。彼の心は、何かを探している感じだけを残している。何かを探している感じが彼の就職活動を妨げているようでもある。つまり、山頂で、一夜を明かした後、彼の心がそこで停滞しているということなのだろう。何を探しているのかわからないが、何かが足りないと感じているのであるから、瀧はパーソナリティの不全感に悩まされていることになる。それゆえ、社会にうまく対応できない。一種の不適応にある。図式的に見れば、感情の谷に落ち込んだ彼は、大きな心の混乱（三葉を救うために異空間に行った）の後、もとの適応レベルに戻らないでいるということである。この感情の谷の経過を図示せば、図2で示したものに相当する。この図は、統合失調症の経過をモデル化したものであった。とはいうものの瀧が統合失調症を発症していたということではない。心の混乱を経過し、心の不全感を抱えながら、生活していた、ということである。

その彼が、もとの生き生きした自我を回復したのが、三葉を交差する電車の扉の向こうに見出した時である。その瞬間、探していたものが、明らかになり、彼の心が活動的に動き出した。急いで電車を降り、次の駅の方向に走り出していく。この経緯を見ると、二度目の感情の谷に落ち込んだようである。過度に活性化し、必死に走ることで、無数にある都会の道のなかで、それも階段の上下で、三葉に出会うことができてしまう。ここでも、運動が軽快の極に達すると、出会うはずもないような出会いの奇跡が起こってしまうという不自然が生ずる。

『君の名は。』は、世の中の仕組みが、出会いから始まって新たな展開が始まることを教えるわけではない。『ズートピア』や『アナと雪の女王』では、外の世界に出かけてゆき、夢の実現のために誰かと出会い努力することを描き感動を呼ぶ。しかし『君の名は。』はそれまでの努力（三葉に会うための瀧の努力）をまったく忘れさせ、それでもなお残る感情の断片（何かを探している）を、純粋なものとして提示する。純粋であることは、再会の瞬間に感情が噴き出し、たくさんの涙が一気に流れ出すことで知られる。何事にも代えがたい出来事が再会であると描く。人と再会することが、その人にとってまさに至高体験なのである。

至高体験であることを証拠立てる場面設定の、瀧が見下ろす階段下は、道のはるか遠くまで見渡せるが、そこには三葉以外誰も居ない。そしてその少し前、瀧が走って行く街中にも出会う人は誰も居なかった。誰にも出会わない、二人しかいない空間ができている。それは都会でありながら二人だけが存在する亜空間である。そうした亜空間で二人が出会う。これは感情の谷に生起する異常体験の中での出来事らしい状況である。こうした状況で、それまでの飛び飛びの時間経過を、想像で埋めてきた観客は、最大限に感情移入することになる。空白の記憶を、瀧や三葉の代わりに、観客が埋める。三葉と瀧の体験した至高体験を、観客もまた共有する。観客も一種の異常体験をしていることになる。

『君の名は。』は、三葉が瀧に自分だけを見てもらえるというお話であり、また瀧は三葉だけを見ているというお話でもある。瀧も同様に三葉だけに見てもらえる。相互が相手のことしか見ていない、唯一無二の関係を描いている。それ以外の関係はない。そこまで相手に目をかけてもらえるのは、若い時代にあっては、これほど気持ちの良いことはないのであろう。そうした幻想が、多くの人の心を捉えたのであるから、逆に言えば、唯一無二の心の繋がりを理想化している、一心同体の願望があるということなのであろう。これが瀧の感じていた何かを探しているということの答えであった。

先の著書(3)では分身が現代の若者を捉えている傾向と分析した。心が二つに分かれ、独立して機能する影に注目した。しかし『君の名は。』では、もう一人の自分といった影の存在はなく、むしろ二人で一つになるような関係の構築が理想化されている。個が溶解し、他と交じり合っている関係である。そこまでしないと心の繋がりが確信できないし、安心できない。言い換えれば、一人だと心が不安で耐えられないのが現代ということらしい。

まとめ

『君の名は。』は時間と空間を飛越させ、エピソードを断片化させることで、エピソード間の出来事を観客に空想することを要求している。そうしたエピソードを埋める作業を観客が楽しむ中で、キャラクターが、子どもっぽさや凛とした姿を示し、活動的であり、またしょげていることもあり、成長し艶めかしくもあり、それでいながら幼子のように大粒の涙を流す。キャラクターの揺れ幅が大きく、魅力的で、周囲の者たちが魅せられ、行動に引き込まれてしまう。そうしたキャラクターが感情の谷に落ち込み、異常体験を経ることで、奇跡を体験する。しかし本人はその事実を忘れてしまい、何か不全感を残したまま生活を続ける。その不全感が、払拭されるのが、足りなかったことの再発見、つまり異性との再会であった。異性と再会することで最高の感情体験、つまり至高体験を得ることができた。恋人との再会のその瞬間がまさに至高体験なのである、と語る。

しかしその再会は、周囲のものを、完全に遮断した状態で生じているように描かれている。つまりそこまで二人の関係を一体にし、一方で周囲の環境から隔絶させないと、二人の関係が成り立たない。二人の関係が溶解し、一つになるほどの緊密さができないと、関係が成り立っているのかどうか不安で仕方がないといった現代の不安を象徴しているように思える。

引用文献

(1) 竹内義和（二〇〇二）『PERFECT BLUE　夢なら醒めて』主婦と生活社
(2) 安藤雅司・田中将賀（二〇一六）なぜ瀧と三葉はここまで愛おしいほどに生き生きと動くのか．『MdN　一〇月号』第二七〇巻、三三一〜三八頁
(3) 横田正夫（二〇〇九）『日韓アニメーションの心理分析』臨川書店
(4) 庵野秀明（二〇一一）庵野秀明のアニメスタイル．小黒祐一郎『アニメクリエイター・インタビューズ　この人に話を聞きたい2001 - 2002』講談社　三一〇〜三七六頁

第六章

『この世界の片隅に』

オープニング場面

『この世界の片隅に』はキネマ旬報の日本映画作品賞を受賞し、片渕須直監督は同じく日本映画監督賞を受賞した。アニメーション監督が日本映画監督賞を受賞したのは初めてのことである。日本映画作品賞は『となりのトトロ』以来の受賞でもあった。キネマ旬報の興行収入のトップテンの第一〇位にランクされており、二五億円の収入をあげている（二〇一七年五月末時点）。クラウドファンディングで三三七四名のサポーターから三九一二万一九二〇円の制作資金をあつめたと同作品のチラシには記載されており、早くから作品に多くからの関心が寄せられ、また作品の完成が待たれてもいた。上映館の数も少しずつ増え、舞台挨拶のために監督の劇場への行脚が続いている。

原作はこうの史代のマンガ『この世界の片隅に』である。アニメーションは原作の物語に比較的忠実に作られている。キャラクターの造形は、アニメーションのほうが、若い姿に描かれている。それは顔と手足が、身体に比べ、大き目にデザインされているためにそのように印象づけられている。公益社団法人日本心理学会の公開シンポジウム「アニメの心理学Ⅱ」（平成二九年三月一八日開催）で片渕監督はシンポジストの一人として登壇し、自身のアニメーションの動きの特質を述べた。それは動きの幅が狭いなかで動きの設計をしているということであった。そのために、従来の日本のアニメーションの特徴である動きの活動性の高さが抑えられ、

© こうの史代・双葉社／「この世界の片隅に」製作委員会

静かな、ゆっくりしたものが作られた。主人公のすずさんが、大きな風呂敷に包まれた荷物を担ぎ、階段を一段一段登るカットで、すずさんは肩に担ぐときに、荷物を壁に押し当てて、動かないように固定しながら自分の背を荷物に合わせて、荷物がずり落ちないように身体を荷物に預けながら、風呂敷を前で結ぶ。そして荷物をしっかり背に担いで階段を一段一段登るが、その際に、身体が一段上るごとに若干沈むようにして、力をためてから階段を上る上向きの力を発揮しているように描いている。アニメーションで、荷物の重みを身体が支え、階段を上る時に身体の重さを感じさせるような動きを、動き幅の狭い動作によって作りだしている。身体に、肉体の重みがあり、荷物にはその重みがある。こうした重みのある主人公は、この社会と時代の雰囲気にみられる重みを背負っていることを暗示するようである。

従来の日本のアニメーションに見る活発に動き回る動きが相応しくなく、むしろゆっくりした、活力が抑えられたような動きが、この作品には求められていた。監督によれば、アニメーションの始まりを見ただけで泣けてしまう人がいたということであった。それは一つには、動きの抑制が観客の心理を代弁し、そうした動きに共感したことが大きいのではなかろうか。

宮崎駿監督作品では主人公たちは必ず軽やかに走り、元気いっぱいに動き回る。そうした元気な主人公たちの活発さが、日本のアニメーションをリードしてきた。第四章で述べた動きの軸の「鈍重－軽快」の軸に照らしてみれば、軽快を追求してきたといってよいであろう。『アルプスの少女ハイジ』ではアルプスの山で走りまわる姿に観客は共感し、子どもは元気なものだという子どもの原型が作り上げられた。それが『この世界の片隅に』では、むしろ鈍重の方向の動きを選び、そこに作中の時代の雰囲気を呼び込むことに成功した。今を暗示させる飛越的な動きではなく、鈍重さを感じさせる動きの中に、生きることの粘り強さを示して見せた。その動きは、第二次世界大戦以前の人々の生活に根ざした動きに近いものを目指して作られているのであろう。舗装されず、デコボコの多い道で、それほど時間に追われて道を急ぐ必要もなかった時代のペースを感じさせてくれるのである。

頭と手足が大きいということ

マンガなどのキャラクターは、八頭身のサイズよりも三頭身ほどのもののほうが、人気がでるようである。[1]手塚治虫は『鉄腕アトム』を描いていたころのことを作中で作者自身に語らせている。それによればノッポになったアトムを描くと人気がなくなり、子どものようなアトムにすると人気がでるということであった。人気マンガの『ちびまる子ちゃん』も当初は子どもらしくひょろひょろしたキャラクターであったが、後半になると三頭身ほどのプロポーションになっていた。頭が大きく、先祖返りをしている。つまり相対的に頭が大きいということは子どもの身体的特徴に近くなることであり、成人の身体のプロポーションから外れることである。アニメーションのすずさんの頭が大きいことは、マンガに比べると、身体的に幼い印象を与えることになる。その分、描かれるエピソードの、ボーっとした感じが、子どもに由来するものとしてより素直に受け入れられることになっているように思える。先述のハイジのように常に活発であることの逆を描いているのであるから、ボーっとした様子を描くのに最適な頭の大きさがあるのであろう。その頭は、自身の空想世界に入りやすいという夢想癖もまた象徴する。現実に対する頭の中の活動の優先といったことが、頭の大きいことで、象徴されているとも取れよう。

手足が大きいことも頭の大きいことと同様に考えることができる。手が大きいということは、手が物を作り出してゆく豊かな力を持っていることを象徴している。大きな手が、日常の、食の準備、衣服の繕い、そして絵を描くことに使われる。そうした手の機能を十全にアニメーションで示すということもこれまでになかった試みであろう。手が良く動くためには、大きいほうが描きやすいということもあるのであろうが、手の持っている生きる上での重要な役割に、正当な評価を与えているのがこのアニメーションである。足もがっしりしているのは、生活者として、しっかり地面に立っていることを示している。

生活に重要な手を、すずさんは、時限爆弾の爆発で失ってしまう。生活のすべてを支えていたものがなくなってしまった。手を使って家事をこなすことが家での存在価値だと思っていたとすれば、手を失うことは大きな価値観の喪失体験である。この喪失体験のために感情の谷に落ち込み、意識が働かなくなってしまう。もともとボーっとしていたすずさんが、さらに腑抜けのようになった。周囲のなにものにも心が動かされなくなってしまう。そんな時、焼夷弾が屋根を突き破って、畳を焦がし始める。無感動にそれを見ていたすずさんは、急に激情が湧き上がり、焼夷弾の消火に全身を使って取り組む。手で処理していた外界との関わりを、身体全体で表現することができた。その後、実家に帰ると思い詰めていたすずさんが、ここにおいてくださいと義姉に頼み込む。このまま住み続けたいと意思表示をする。手を喪失したすずさんが、感情の谷に落ち込んで、感情が動かなくなり、心の無動状態を体験した後で、そこから脱したときに、自分の意志を人に伝えられるようになっていた。感情の谷を越えて、人格が成長したのであり、感情の谷理論に従って、すずさんが描かれているとみることができる（一三六ページの図10参照）。

日常の表現

『この世界の片隅に』では食べ物を食べるシーンが繰り返される。日常の中での重要な出来事ではあるが、アニメーションでは食べるシーンは、あえて描かずに済まされることが多かった。食事する日常をアニメーションで説得的に描くことがかえって難しいということが理由にあげられるのであろうが、この作品では、日常を丁寧に描くそのことが、それだけで未知の体験表現になっている。戦前戦中はそれほど昔のことではないが、しかしそれであっても、その時代の生活を生身に知っている人は少なくなってきている。それだけ現実感の乏しい世界になってきているといえる。そのため当時の生活をそのまま再現すると、外国を見ているような感覚となり、新たな発見に繋がる。日本の生活の再発見が起こる。監督は当時の舞台となった呉を細かに調べ、舞台になる店の佇まいや、山の稜線がどのように見えるかといった細かなことを現地調査し、呉を知る人から見たらどちらをすずさんが見ているのかわかるように描いているということであった。[2] アニメーションの世界のことであっても、その舞台は、そこに生き

© こうの史代・双葉社／「この世界の片隅に」製作委員会

ている人の記憶を通して、現代社会に繋がっているのであり、そうした繋がりを生かす作業をアニメーションでは試みている。つまり、人々の記憶に残された呉の街の情報を集め、記録をあさり、資料を収集し、モザイクのようになってしまっているそうした情報の断片を繋ぎ合わせながら、アニメーションのカットで描く舞台の背景を選択し、現実にあった場所の記憶を損ねないように作り上げる。

短く小さくなった鉛筆を大事に使わねば書く道具がないという現実は、今の社会ではなかなか想像しにくい。若いうちから家の仕事を手伝っているということも、今の社会ではなかなか想像しにくい。そうした想像しにくいような現実の中にあって、物語の最初に描かれる、お使いに行き口上を間違えないようにと練習し、手にしたお駄賃を何に使おうかと想像することは、誰の心の中にもありそうな普遍的な体験であろう。そうした普遍性のある体験がうまく挿入されることで、想像できにくくなっている社会の様相を、現在に繋げることができている。少し前の過去にあった、ということは、その世界に接する観客は、思い出の中にある自身の過去の類似した思い出を参照しながら、先述のお使いの原初的な体験の記憶が賦活されるように、今に繋がる過去世界に浸ることができるようになっている。その過去世界では戦争が起こっており、徐々に物資がなくなり、戦争の重い影が近くに迫りきて、果てには空襲まで体験する。周囲には、人々の死が日常化している。その世界にすずさんが生活していた。すずさんはボーっとした人と言われ育ったということであり、そのせいか日常の不便をあまり苦にせず、食物不足もアイデアで乗り切っていく。すずさんの示すアイデア溢れる料理が、食不足の日常の中で、食というリアリティを感じさせるのに役立っている。食欲、空腹といった切実な身体感覚を喚起する手段として食の表現がある。しかもその食の不足に対して絵を描いて、空想をたくましく働かせるという、すずさんのファンタジーの活用法がある。生きるための余裕を生む手段として絵を描くことから生まれるファンタジー世界があった。つまりわれわれ観客は、ものが不足してゆく日常の世界において、すずさんは不足をファンタジーで埋める作業をおこなっているということで悲惨さを見ることから妨げられている。多くの日本のアニメーションのように別世界に行ってしまうようなファンタジー世界ではなく、現実と地続きのファンタジー世界がそこにはあって、現実世界の持って

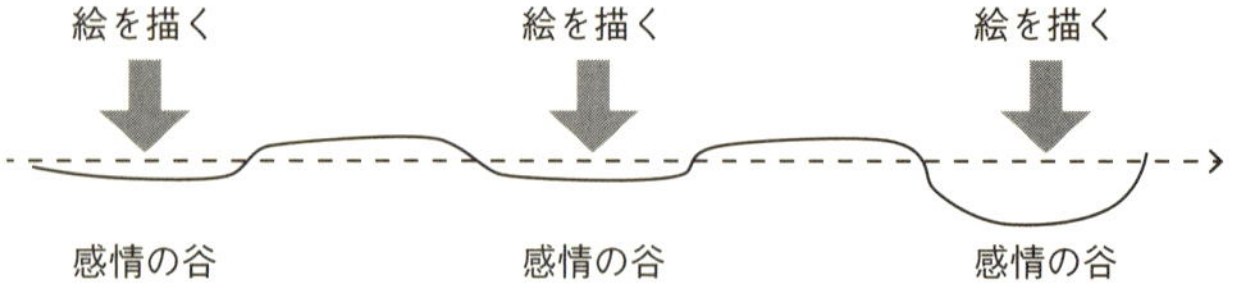

図10　日常の中のファンタジーと感情の谷

いる空腹といったような切実な不足を補うようにファンタジーが使われる。そのファンタジーは、日常で発揮される健康な創造性であり、至高体験である。健康な創造性と至高体験に接すると、そこから豊かな気持ちを引き受けることができる。そこにこの作品の大きな魅力が潜んでいる。

すずさんにとってのファンタジーは絵を描くことであった。絵は、現実の出来事を加工してできた空想物語であり、周囲を喜ばせる手段であり、現実の波をウサギに例えて美しく加工する手段であり、広島を記憶に留めておくための手段であり、夫の顔を記憶に留めておくための手段であり、空爆の激しさを美しいと感じさせてしまうものでもあった。つまりすでに感情の谷に入っているすずさんは絵を描くことで、そこに沈潜し、描き終わったときに新たな活力が得られる。そうした絵を描く行為が、アニメーションの中では繰り返されるのであるから、感情の谷の日常化が見られていることになる（図10参照）。

アニメーションの作り手も多くの絵を描く作業を繰り返しているのであり、絵を描くことが日常化しているものと思える。そうしたアニメーターたちには、すずさんの行っているような現実を絵にして楽しむという作業は共感できるものなのであろう。自分たちがアニメーションを通してやろうとしていることと同じだからである。作り手たちの共感がすずさんを生き生きとさせ、そうした生き生きとしたすずさんに観客が共感をよせる。そうした作り手と観客の共感が、すずさんの在り方を媒介として成り立っていることが、じわじわと多くの観客を獲得してきた理由のひとつなのだと思える。絵を描くことで、その世界に沈潜し、描き終わって新たな発見があるようなすずさんの絵の在り方が、作品の作り方と同期し、そしてすずさんの動きを通しての性格の発見が、アニメーターに生じているということなのであろう。

すずさん

ではすずさんの性格はどのようなものとして捉えられるのであろうか。先述したようにすずさんは、少しボーっとしたところがある。お見合いがあるということで家に帰るが、窓から覗いた見合いの相手の周作には、これといって印象を持たなかった。そのためすずさんは、お見合いの場に出ないままで済ましてしまう。決断すべき場を回避するというのも新たな表現であろう。多くのアニメーションは、決断に満ちており、決断と共に新たな展開を推し進めてゆく。しかし普通、決断の時には、多くは逡巡したまま決断を先延ばしにする。すずさんには決断すべき情報が全くなかったともいえる。先延ばしにした決断を、だれかの決断によって肩代わりさせ、自身で決断しないままにする。自分で決断したかのように、物事が決まってしまっている。そんなことが日常でも起こる。そこには出来事の起こり方の普遍性があろう。

すずさんの結婚も周囲に流されたもののようである。結婚する相手の苗字もあいまいで、住所も知らず、結婚式が終わって家族が帰った後、新たな家となった住まいから夜の呉港を見下ろしながら「うちはいったいどこにきたんじゃろ」と心の中の声が聞こえる。すずさんの実家のある広島から夫の周作の住まいのある呉まで電車で移動して結婚式がおこなわれたのであり、その過程が丁寧に描かれる。広島から呉までは遠いし、呉の駅から周作の家までもかなり遠いと印象付けられる。

こうした距離感は、すずさんが漫画で描いた人さらいのエピソードに繋がるものであろう（この漫画は最初の場面のお使いに行く場面に続くもので、実はすずさんは道に迷って途方に暮れてしまったのである。その途方に暮れたあとに続くエピソードでもある）。そこでは、ばけものが登場し、彼の背負った籠の中にすずさんと少年がいる。少年は人さらいにさらわれているとすずさんに説明する。少年は早く帰らなくては怒られると述べる。すずさんは機転を働かせて、望遠鏡をおばけに見せて夜になったと思いこませて、眠らせてしまう。それで籠から出られる。

少年はすずさんの名前をフルネームで呼んで感謝する。このエピソードは、すずさんが描いた漫画の内容であるが、人さらいにさらわれるというイメージと、さらわれた籠の中で少年と一緒になるというイメージが提示されている。少年は周作の若い頃の姿である。すずさんは人さらいにあって自分の家を離れ、見知らぬ少年と一緒になるというイメージを持っていたということである。そのイメージの現実化したものが、すずさんの結婚の体験ということになろう。どこともわからぬ場所にさらわれてきて、見知らぬ男性とともに過ごす、という基本的な心細さが示されている。

こうして結婚したすずさんが、結婚先の北條家での生活を始め、義母に教えてもらいながら早朝の井戸から水を汲むのをはじめとし、近所との寄合にも出かけ、家事全般で一家を支えるようになる。嫁に出ていた義姉径子とその娘の晴美が実家に戻ってきて、径子はすずさんのバカ丁寧にユックリと煮干しの頭とはらわたをとる段取りに、思わず手を出してしまい、テキパキと素早く処理してしまう。径子のおかげもあって時間が作れたすずさんは、着物を仕立て直してモンペを作ることができた。ポケット用にとってあった布切れで、晴美の巾着を作り喜ばれもする。すずさんの代わりをこなしている径子はすずさんに広島に帰ることを勧める。径子はすずさんを追い払おうとしてそう言ったのであり、その意味をすずさんは察したようなのだが、義父母は、それはいいといった調子で同意する。すずさんの絵が、壁の剥がれを補強するために貼られている広島の実家で、寝ぼけて起きてすずさんの言ったことは「呉に嫁に行った夢を見ていて焦った」というものであった。彼女には呉の生活が全部夢のように体験されているらしく、このセリフは呉での生活は夢のような現実感の乏しい生活なのだということを示唆している。父親に貰った小遣いでスケッチブックを買い、広島の風景をスケッチして回る。「さよなら広島」と呟きながら。そしてスケッチの片隅に自分の姿も描き込む。絵を描くことで記憶に収めているようである。しかしそのために電車がなくなり呉に帰れなくなってしまう。すずさんは絵の中に入り込むと時間感覚がなくなってしまうらしい。ここにもすずさんの現実感喪失の特徴がある（つまり感情の谷に落ち込んでいる）。

広島から帰ってきて元気がないすずさんに周囲はいぶかしがる。その理由は、頭に円形禿ができてしまったためであった。ボーっとしているように見えても、ストレスが溜まって、心身症状がでてしまったらしい。周作に気にすると余計大きくなると指摘されてしまう。晴美もすずさんの禿に気付いており、墨で黒く塗ろうと考えていた。すずさんの周りの人々が、すずさんのことを気にかけていることがよくわかるエピソードである。その後戦局が厳しくなり防空壕を作り、空襲が頻発するようになり、呉の街が焼け野原になる顚末が語られる。いずれも時間的順序に従って、すずさんが出会う出来事がつなげられている。戦局はどんどん厳しくなり、灯火管制や爆撃が相次ぐようになる。周作と激しい言い争いもすることがあった。こうした果てに、先述のように、時限爆弾に吹き飛ばされる出来事が起こった。これによって晴美は亡くなり、自身は右手を失う。焼夷弾の炎を、自分の身体を使って消し止めることがあった後で、庭に降り立ったサギが、飛び立つのにつられ、サギを追いかけてゆく。空を飛び自由なサギは、すずさんが九歳のころ、遠浅の海を渡っておばあちゃんの家にスイカを持って行く途中で、潮だまりでカニを取っていた。まだなにも知らない頃を象徴するサギに魅かれて追いかけ、山を越えたら広島じゃ、とサギに行き先を指示する。その時、すずさんはグラマンF６Fの機銃掃射をあびる。丁度帰ってきた周作に助けられ、溝に隠れる。すずさんは、広島に里心がついており、広島に帰りますと周作に伝える。帰ると言い張るすずさんに周作は勝手にせえ、と言ってしまう。溝で周作に身体を守られているすずさんは、周作の腰を抱く。広島に帰ると知って義母はさびしくなるというし、義姉は不愛想ながら、すずさんに気を遣う。そして彼女はすずさんに向かって居場所はここでもいいしどこでもいい、自分で決めたらいい、と言う。すずさんは、それを聞いて、義姉にここにおいていてくださいと言うのである。

結婚し、長く生活し、それでもなお自分の居場所があるとは感じられないすずさんは、長い間北條家という異空間に彷徨いこんだようなものである。多くのアニメーションはファンタジーとして異空間に行ってしまう話を作るが、すずさんにとっては北條家が異空間であったともとれる。しかしよくよく見れば、すずさんは、ばけものにさらわれることを描いた時から、現実生活に馴染み感を失っているのであり、現実生活でありながらも異空間がダブっていたともとれる。その頃から感情の谷に落ち込んでいたということである（図11参照）。その彼女が径子という同性と、きちんと向き合う体験をして、自分の思いを自身の言葉で伝えることができた。ここから径子との関係が心の通うものとなり、一方周作も自身の弱みをすずさんに見せるようになる。北條家にとって役に立っていないと思っていたすずさんが、実は頼られていたと実感できるエピソードである。

原爆が広島に落ちた後、原爆症で寝ている妹を見舞ったすずさんは、南洋で亡くなった兄を鬼いちゃんと名づけ、失われた右手で、鬼いちゃんがワニと結婚して生活していることを描くようにして、顛末を妹に話して聞かせる。このエピソードは、すずさんたちの結婚生活が、落ち着いたものとなっていることを暗示する。そして相生橋の上で周作はすずさんにほくろがあるからどこにいてもすぐわかると告白する。それを聞いてすずさんは「周作さんありがとう。この世界の片隅にうちを見つけてくれて、ほんでもう……離れんで……ずっとそばにおってください」と感謝の念を述べる。そのうしろを最初にマンガで描いたおばけが通ってゆく。その籠の中からは鬼いちゃんのお嫁さんのワニが手を振っている。ここまできてやっと最初のおばけの人さらいのマンガに繋がる。籠の中にいた少年が周作であり、その時に既にすずさんを見初めており、すずさんのことをほくろを手掛かりに探し続けてきたということらしい。そこま

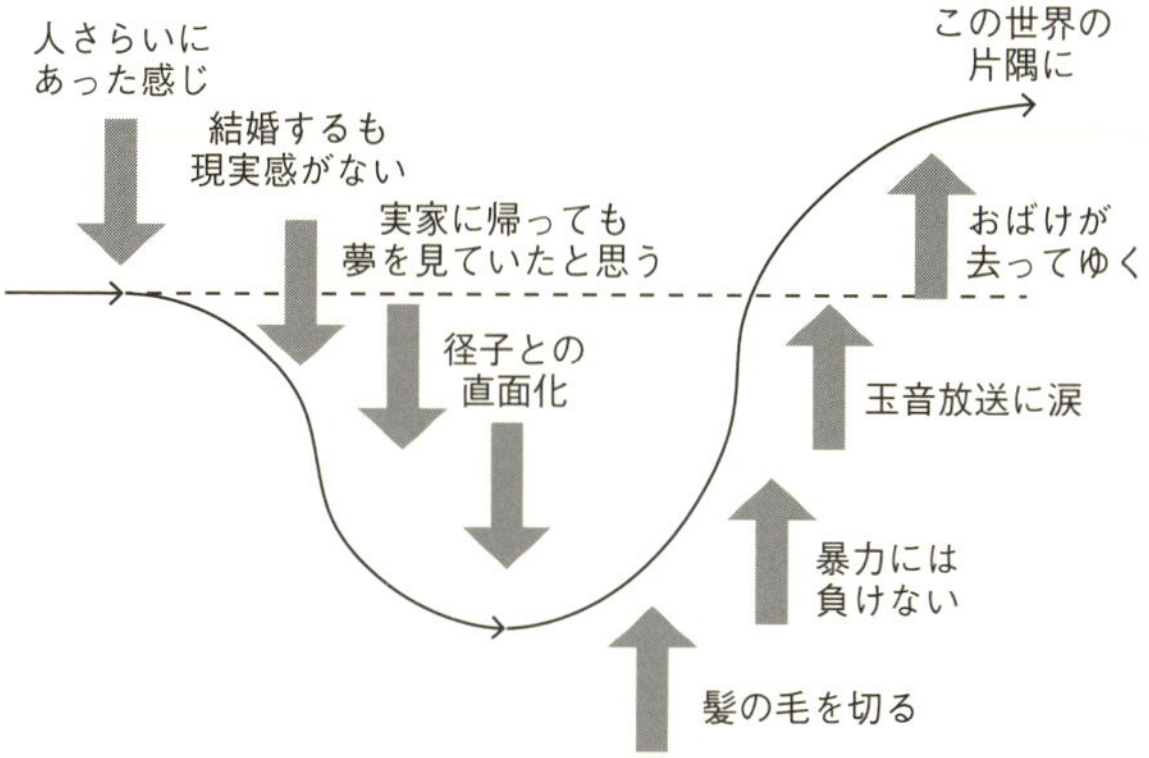

図11 長い感情の谷

で長期にわたり一人の人に見守られ続けてきたということであるが、すずさんはそれを受け入れるのに長い時間を要した。その長い時間の間は感情の谷に落ち込んでおり、自身の感情を動かすこともできず、自己の感情を表現することもできなかった。心の繋がりが本当にできるようになるのは並大抵のことではないのである。

すずさんは自分から率先して何かを探しにゆくという活動性を豊かに持っているわけではない。むしろ他者の指示することに従うことで、自己を守ってきたともいえる。従っていればそれだけ安全である。それが長い時間をかけて、北條家という家の人たちとの親密なやり取りを経て、やっと自己主張しても大丈夫なのだ、そこにそのままでもいいのだという自覚ができた。内向的な人が、自己主張するのに、非常に時間がかかったことになる。そうした関係が築かれて、孤児を引き取って、生活するということができるようになった。自分の意志を発揮し、新たな関係の築きを、自ら始められたのである。

これまでの章で述べてきた感情の谷は、非常に劇的な出来事によって成り立っており、感情の谷に落ち込むためには激情が必要であった。それに対しすずさんは、人さらいにあったと、自身の迷った体験をマンガにすることで、マンガの世界が本当で現実の自身の生き方が仮のものである、とみなしてしまったようなのであり、この時に感情の谷に落ち込んだようなのである(図11参照)。絵を描くことが主で、現実生活が従という関係である。したがって、現実生活が、皮膜を通してみるようで、淡く実感が伴わない。見ていても確固としたものとして頭に定着しない。周作の顔も、絵に描いてみないと、覚えていられないかもしれないと恐れるくらいである。したがって彼女が感情の谷を抜けるのには、現実感を失わせている絵という手段を取り去る必要があったのである。それが右手を失うというショック体験である。ここで強い感情が湧き起こり、激情の中で、心理的混乱を体験するという、別の形式の感情の谷を体験した。つまり長くゆっくり経過する感情の谷と、短期に激しく起こる感情の谷の二つの形式があることになる。すずさんは、長期の感情の谷を抜けるのに短期の感情の谷を体験することが必要だったことになる。

つまりすずさんの内向性は相当なものである。人さらいにさらわれる、あるいは周作に「この世界の片隅に見つけてくれて」と感謝するのであるが、ここでは他者に何かされるあるいはしてもらうといった受動性が強い。そうした主人公でも、生活ができており、人の輪が広がってゆくことをアニメーションが伝えている。生きにくさを抱えている人に、無理にそれを変えて活動的になれとメッセージを送るのではなく、今の受動性の生き方でも十分素晴らしいのだとエールを送る。活動性を発揮できない受動性の高い人が、安心していられる関係をアニメーションが示して見せてくれているというのは稀有なことである。そうした関係に安心する多くの人が存在していたということの発見が、アニメーションのヒットに現れてきていると思える。

北条家

すずさんが嫁いだ先は北条家である。チラシの「ＳＴＯＲＹ」によれば嫁いだのは一八歳であった。先述のように、なにがあったのかわからないままのような状態ですずさんは嫁いだのであるが、足を悪くしている義母に、家事の手順を教えてもらい、ドジを踏みながらも近所の仲間に入れてもらう。それはすずさんが、隣近所に丁寧にあいさつし、無理に自分を押し出さず、教えを乞うような態度と労を惜しまない仕事ぶりに、周りの人が安心したことによる結果である。与えられた仕事は一生懸命やる、という姿勢が気持ち良いのであり、失敗すると正直に打ち明けるところも気持ちが良い。

そうした気持ちの良さは、義姉の登場で、より際立つ。義姉径子は、都会の生活にあこがれ先進的な文化を満喫し、垢抜けした衣服を身につけ、自身の意志で結婚を決めたにもかかわらず、夫を早くに失い、失意のまま子どもの晴美を連れて里帰りしてくる。先述のように、ゆっくりしたすずさんの家事仕事ぶりにイライラして代わりにテキパキと家事をこなしてしまう。晴美を亡くしたのをすずさんのせいにして詰め寄った径子は、広島に帰ると言い出したすずさんに向かって「あんたは周りのいいなりに知らん家に来ていいなりに働かされてさぞやつまらん人生じゃろ思うわ」という。この径子の言葉が暗示していることは、すずさんと径子が陰と陽だということである。すずさんは、周りの言いなりになって結婚し、径子は自分の意志で結婚した、その二人が対比され、ここで向き合うのである。そしてすずさんは、径子に向かって、ここにおいてもらいたいと言い出すのは先に述べた通りである。つまり陰と陽の二人が、徐々に和解する、という方向性があって、すずさんにも径子の持っていた意志の力が、感化される。

すずさんを内向的と述べたが、その内向性は多くの人々の意見を聞きいれるだけの受容性をもち、周りの人々のありようを、時間をかけて自分のものにしてゆく類のものであり、自身の意志を探り当てるのに時間がかかるというだけであって、意志を明らかにすると今度は揺るぎないものになる。自身の意志に目覚めたすずさんは、確信をもって外部に関わってゆくようになる。髪の毛を切って、原爆で困っている人たちがいるのを援助しにゆきたいと言い出し、爆

音のうるささに「そんな暴力に屈するもんかね」とうそぶき、米軍のまき散らした伝単を落とし紙にするほうが無駄がなくていいと周作に言い、玉音放送を聞いた後で「暴力にも屈せんとならんのかね」と号泣する。意志が明確になったすずさんは、感情表出も素直に、時に激しくなる（図11）。

こうしたすずさんの変化は、北條家の人たちの、無理を言わない、させない、と言う家風によって囲われてきたことが大きいであろう。夫の周作も、その両親も、実に温厚である。かといって、憲兵がすずさんのスケッチをスパイ行為とみなした時に、憲兵の振る舞いを、歯牙にもかけない剛毅さがある。庶民のしたたかさでもあろう。憲兵の振る舞いに、家族皆が笑い転げる中、すずさんだけが複雑な気分になる。男性陣は、さりげなく、女性陣を保護し、女性陣は家族のために家事をこなす。そうした家族の調和の中で、一定の役割をこなし続けてきたすずさんであるから、自分の居場所として、北條家を選ぶことができた。それは周作の言葉によって促されるのではなく、自分の陽の一面を担う径子の言葉によるものでなくてはならなかったのである。

ボーっとした女性が、長い時間をかけて、自分の居場所を見つけるまでの物語は、多くの小さなエピソードの積み重ねから成り立ち、劇的なものはないが、内向的なすずさんにはどれもが自身の在り方を磨く出来事なのである。すずさんの姿は、劇的でない日常を過ごす、多くの人たちにとって勇気を与えるものである。そうした日常を生きることが大切であり、そのことによって自我の目覚めが起こるのであると教えてくれる。

一八歳での結婚は、まだほとんど何も知らないまま大人世界に放りこまれることであり、近所づきあいもまったく一から始めなくてはならない。しかし大人としての振る舞いを期待される。現代のように、モラトリアムといったような年代は全くない。子どももからいきなり大人になってしまった。すずさんにとってはそうした変化は人さらいにあって訳もわからないところにいるという感じなのであろう。そうしたすずさんが、何をしたか、ということが現代人には興味深い出来事なのである。こういう風に大人になっていったのだ、という実感である。大人は全てを完璧にこなす存在である、という期待を、すずさんはことごとく壊し、世の中の人を安心させる。大人は大人で、徐々に成熟するものなのだ、と安心させてくれるのである。

まとめ

『この世界の片隅に』は、前章の『君の名は。』が男女の出会いで終わっているのに対し、むしろそこから始まるアニメーションである。結婚生活を丁寧に描くアニメーションは、今までになかったのではないかと思うし、ましてや戦争を家族の生活に重ねて描くこともなかったと思う。それだけ地味であり、なんで今頃戦争ものと人々の関心を呼ばないのではないかと思えるのである。しかしそれがヒットした。ヒットした理由をいろいろと解析することは可能であろうが、ここでは監督の原作に対する深い愛情と、結婚生活を一定の距離を持って描けるほどに監督自身のテーマが深まったことをあげたい。片渕監督はこれまでに『アリーテ姫』と『マイマイ新子と千年の魔法』を監督し、その後でこの作品を完成させた。これら三作品を並べてみると、女子の心理的発達の経緯が、一つの流れとなって見えてくる。子ども時代、独り立ちする困難とその克服、成人し結婚生活を送る結婚生活、といった時間的流れが見えてくる。しかしこの流れを考察することは、本論のテーマから外れることになるので、ここではこれ以上触れることを避けたい。ただ言えることは、片渕監督が、作品を作り続けて自身のテーマを発展させているということであり、その発展を素直に示してくれているのが『この世界の片隅に』ではないかということである。そうした心理的発展に、接した観客が、同感できるものが多いということなのであろう。つまり女性の心理的発展の普遍的なものを掬い出し、さらにそ

(3)

れを説得的に示したのである。

本作のすずさんは、径子が家事を肩代わりしてくれたので衣服を仕立て直すことができたと丁寧に感謝の言葉を述べる。この感謝の言葉が、少し間違えば、径子を嫌味な小姑にしてしまいかねない。そういった感情の含みが出てしまうと、すずさんも、その反動として嫌味な子となりかねない。しかし、アニメーションでは、すずさんも径子も同等の尊敬の念をもって造形され、同等の個性を持つものとして示されている。個性の背後に、生きてきた生活の時間が感じられる。そうした個性の造形があって、多くの人の共感を呼んだのだと思える。嫌味な人が一人もいないのであり、それぞれが生きることに誠実なのである。アニメーションでこのような人々に接せられたことを喜びたい。

引用文献

(1) 横田正夫（二〇一六）『メディアから読み解く臨床心理学：漫画・アニメを愛し、健康なこころを育む』サイエンス社
(2) 片渕須直（二〇一六）片渕須直監督インタビュー．『「この世界の片隅に」劇場アニメ絵コンテ集』双葉社　六九五〜六九八頁
(3) 片渕須直（二〇一六）インタビュー．『この世界の片隅に　劇場アニメ公式ガイドブック』双葉社　九〇〜九七頁

第七章

『アナと雪の女王』

はじめに

これまで日本のアニメーションを中心に感情の谷についての論を展開してきた。最近の大ヒットアニメーションは、感情の谷を、かつてのアニメーションほど心理的に深いものとして描かず、現実との行き来がスムーズであるように描いている。『君の名は。』では「かたわれ時」という時間帯が、あたかも時間と空間を飛越する神秘的な出来事の誘因であるかのように描いている。かたわれ時の出来事は、本来異常な体験であるにもかかわらず、その体験は至福なものとして示される。したがって現実からの移行は、望ましいものとして存在する。『この世界の片隅に』のすずさんは、絵を描いている時には時間を忘れてしまっており、現実世界の中に感情の谷が重なっている。絵に没入する忘我の時間は、すずさんにとっては至福の時間である。このように現実世界に時折起こる至福な不思議体験として感情の谷が位置づけられていた。至福の体験であることが、現代の人たちに受け入れられている一つの理由と思われた。

同様なことが外国のアニメーションにも認められるのであろうか。

ここでは大ヒットした『アナと雪の女王』を例にしてみたい。『アナと雪の女王』で登場する姉妹のアナとエルサは、どちらも目が大きく、鼻が小さい。目はさらに黒目が大きく、その中の瞳は殆ど黒目に近いほどの大きさである。瞳の大きさは魅力と関連するとされている。しかもいずれも顔は丸顔である。つまり顔の造作は瓜二つというほど似ている。違うのは髪と肌の色である。アナは顔にソバカスがあるがエルサはないといった違いがある程度である。そしてエルサとアナはまるで陰と陽のようである。こうした造形は日本のアニメーションにお馴染みであるのでまことに受け入れやすい。

エルサ

アナとエルサは仲の良い姉妹であった。姉のエルサは、妹のアナの遊ぼうという願いを叶えるために、生まれつき備わっている魔法を使う。その魔法は雪や氷を自由に操れるというものであった。遊んでいる最中に誤ってアナに魔法を使ってしまう。そのためアナは死の危険に陥るが、王と王妃が必死でアナを救おうとトロールに頼み込む。アナの記憶からエルサの魔法についての記憶を完全に消去することで命が救われ、エルサは魔法を制御するように父である王に言われる。以来エルサは部屋に閉じこもり、魔法を制御しようと試み、そのためアナとは一切遊ばなくなってしまった。

こうしてみるとエルサは、妹を魔法で傷つけ、父から魔法の制御を求められたことで、感情の谷に落ち込んだとみることができる。閉じこもって魔法の制御を身に着けようとするが、一人だけでの努力では、それは無理であった。そんな時、両親の乗った船が嵐に遭って、死んでしまった。そしてエルサが戴冠式に臨まなければならない年齢に達した時まで、アナはエルサに会うことがなかった。そのためアナは、戴冠式をとても楽しみにしていた。しかも城がすべて開放され、外部からの来客がたくさんある。ワクワクしてしまう。たまたま異国の王子に出会って、一瞬のうちに心惹かれてしまう。

エルサは、魔法の制御に自信がなく、手袋が手放せない。手袋を脱いだ素手でものに触ると、即座に氷りついてしまう。それでも戴冠式は無事済ませてパーティになったとき、アナが、出会ったばかりの王子と結婚の許可をエルサに求めに来た。エルサはそれを拒否するが、アナは、そんなエルサに詰め寄る。偶然にもアナはエルサの手袋を脱がせてしまう。振り払ったエルサの手は、氷の魔法を辺り一面にかけてしまうことになる。魔法を開放して、再びアナを傷つけてしまうかもしれない。それを恐れてエルサは城から逃げ出す。海を凍らせ、町中を氷に閉じ込めてしまう。エルサは山奥に逃げ、そこで自身の魔法を心ゆくまで開放し、美しい氷の城を作り上げ、自分を縛るものはなく自由だと歌う。

エルサの行動を見ていると、制御すべきと親に戒められた魔法の制御に失敗し、その失敗から逃げ出し一人で氷の城の中に閉じこもったことになり、不適応行動を行っていることになる。つまり感情の谷に陥り、精神病状態に陥ったのに等しい。しかしエルサはそのことの自覚はなく、むしろ心が解放されたと喜ぶ。この時の歌が、多くの人の心を打ち大ヒットしたのは記憶に新しい。しかし社会的な適応に向かうことなく、むしろ社会から孤立する方向に進み、その孤立はより著しいものとなった。その意味では、本人の解放感とは別に、心の混乱はより深刻になったとみることができる。感情の谷により深く落ち込んだのである。

そこへ苦労してアナが辿り着くが、再び彼女の魔法がアナに当たってしまい、アナが死の淵に追い込まれる。その間に、城からはエルサ探索隊が出動し、彼女の氷の城に至る。アナを誘った王子は、エルサを殺害し、自身が国王になることを画策する。そのためエルサを城に連れ帰り、牢に閉じ込める。こうしてエルサは人間社会の中で疎外される。この疎外は、エルサが精神病を発症し、精神病院に入院させられたということに相当しよう。社会的な適応に失敗し、孤立が著しければ、周囲の関係者から問題視され、医療に繋げられる。エルサの場合には、医療に繋げられたわけではないが、現象的には同様な事態である。もちろんアニメーションでは、王子の画策で城の牢に閉じ込められたのであるが、社会的な立場からという名目（現実には王子の陰謀）で自由を束縛されたことは一緒である。こうしてエルサの感情の谷への落ち込みは深刻となる。

アナは、氷の魔法のために死に瀕し、真実の愛に触れれば助かるとのトロールの助言を得て城に戻るが、アナの信じていた王子は、アナを愛していたわけではなく、アナの地位が欲しかったので、瀕死のアナを放置する。そしてエルサを亡き者にしようと、彼女に刃を向ける。アナが死んだと知らされたエルサは、打ちひしがれてなすすべもない。そこに瀕死のアナが割って入り、王子の振り下ろす刃を、その時完全に凍り付いてしまった自身の身体で防ぎ、エルサを救う。凍り付いたアナを目にしたエルサは、心からの悲しみをもってアナを抱きしめる。するとエルサの愛が、アナの身体を溶かし、元の身体に戻す。こうしてエルサは愛の力で魔法を制御することができるようになった。

前述したように、エルサは、王子の策略で追い詰められ、なすすべもなくなったのであるから、感情の谷の底辺に陥ったことになる。そこでエルサが目にしたのは、妹が自身の身体を犠牲にしてまでも、エルサを守ったということであった。妹の自己犠牲を見て、かつて仲が良かった妹は、拒否され続けてもなお深く姉のことを思い続けていたと理解する。

これまで解説してきた日本のアニメーションでは、すずさんが径子と話をして自身の決意を明らかにしたように、他者と向き合うことが意味を持っていた。つまり径子が私はこう思うけど、という話を受けて、すずさんが自身の考えを語りだすことができていた。しかし、『アナと雪の女王』では直接向き合うことはなく、むしろアナの無私の行動がエルサの心を動かした。こうした無私の行動という行動原理は日本人の好むものなのではないだろうか。しかもそれまでのディズニー・アニメーションは男女の出会いと恋の成就を歌いあげるものが多かった。『アナと雪の女王』にも恋の要素ももちろんあるにはあるが、むしろそれはアナのテーマであり、エルサには関係がない。しかもラストを見る限り、男女の愛情関係よりは、姉妹の間のそれが主軸に置かれている。このこともまた、日本の視聴者に受け入れられやすかったのではなかろうか。

しかも姉妹の関係は、陰と陽の関係にある。『この世界の片隅に』で内向的なすずさんと外向的な径子が陰と陽の関係にあったように、エルサとアンも内向と外向、閉じこもりと社交的、といった陰と陽の関係にあった。その陰と陽が融合して、一つのものになるのが『アナと雪の女王』の物語である。感情の谷に落ち込んだエルサが、アナの愛情に気づくことで、自身の愛情発露を自信をもって行うことができるようになり、魔法の制御を自然と身に着けた。つまり、感情の谷を突き抜けて自身のありのままの姿の受容に至る。これは日本のアニメーションの感情の谷の扱いをそのまま当てはめたような作品と理解できる。こうした物語の馴染みやすさが、ヒットのひとつの理由であろう。

愛情は表現するもの

エルサが感情の谷に陥ったというのは先述のとおりである。しかし、エルサは長女であり、王妃となるべき人である。さらには生来魔法を使えるという特殊人間である。二重に特殊な人なのである。そのエルサが感情の谷に陥った。

日本のアニメーションで感情の谷に陥るのは、心がもともと弱い者であって、アニメーションの主人公が子どもであることから、多くは子どもの体験するものであった。そうした子どもに対して保護者のような存在が多数登場し、子どもを援助する。子どもは援助を受けながら心の成長を果たし、感情の谷を抜け、悟りを得たのであった。この道筋は、弱者が感情の谷に入るという苦難を経て、逞しくなるという成長物語のものでもあった。

一方、『アナと雪の女王』では、年長者で、権力者である姉が、子どものころに起こした事故の記憶のために、その事故の再来を恐れて感情の谷に陥った。そして知らずに、町全体を凍らせるという巨大な力を発揮してしまった。つまり王国を滅ぼすような能力をもともと備わった存在として登場するのであり、その能力の制御に失敗しているのであるから、自身の心の問題が即、国全体の死命を制する。巨大な力を無意識的に発揮する制御の失敗として感情の谷が描かれていたことは、本書で紹介した日本作品と異なる特徴である（とはいうものの、日本の作品においても巨大な力の制御に失敗する作品は『ＡＫＩＲＡ』の例でわかるように、数多く存在している）。そして、一見すると姉妹の心の繋がりが、姉の魔法の力の制御に貢献しているようであるが、姉が魔法を制御できたのは、死んでしまったと思った妹の身体を抱くことによってである。その結果、妹の身体が温まり、復活したのであるから、姉妹の直接の心の繋がりがそこに関与していたわけではない。あくまでも妹は自発的に姉を助けようとし、姉は自発的に妹を抱きしめたのである。それぞれの自発的な愛情表現が結びついたひとつの結果として、魔法の制御が可能になった。

日本のアニメーションでは即、心が繋がったと描くか、対面して語り合って心が繋がったように示すが、ディズニー・アニメーションでは主人公たちが如何に意志的に行動したかが重要で、また何を行動で表現したかが問題なのである。あくまでも主人公たちの行動を描くことに主眼がある。そして、感情の谷を越えて至るのは本来の自分の受容である。本来の自分の受容の結果、自身の能力を十全に発揮できるようになる。それは、新たな人格レベルに至るということではない。愛情豊かな人が、愛情表現を過去の過ちのために恐れていたが、その恐れを脱することで愛情表現を自由に行えるようになった。もともと愛情深かったのである。人格の成長が描かれたわけではない。この点も人格の成長に至る日本のアニメーションと異なるところである。

アナ

それではアナはどのように考えられるのであろうか。

アナはエルサが拒否的であるにもかかわらず、あくまでも明るく積極的である。寝姿は、ほつれた髪の毛を口に咥えていることが示すように、容姿を強迫的に気にするわけではない。むしろ極めておおらかである。その彼女が戴冠式で、異国の王子に一目ぼれしてしまったことは先述した。しかしそれだけでなく彼女はエルサを追って雪山に入り込み、そこでクリストフという山男に出会う。一緒にエルサを探すために、苦難をともにする。トナカイのスヴェン、雪だるまのオラフとも仲良くなる。つまりアナは、活動的で、物事を率先して行う逞しさを持ち、極めて直情開放的である。動きの評価軸に「鈍重－軽快」があることを、先（第四章）に紹介したが、アナはこの軸の軽快の極にいるような人である。その彼女が、エルサの氷の城に到達し、彼女を説得しようとしたときに、魔法を浴びてしまって、身体が徐々に氷に侵されてゆく。つまり軽快の極で、それが停滞に至った。

『進撃の巨人』について述べた際に、軽快の極みから、動きのもう一つの軸の不自然のほうに飛越が起こることを紹介した。飛越が起こった結果が巨人になるということであった。アナでは、そうした飛越が起こらず、徐々に不活動になってゆく。そしてその結果、氷となって動かなくなった。この氷になるというのも、広く考えれば不自然なものであるが、ここではむしろ死に至ったとみるべきである。その死の現実が変化を与えたのは、エルサに対してであった。つまりアナの軽快な活動が極点に達し、魔法の力を浴びて停滞し、動きが止まったところでエルサが変容したのであるから、エルサに不自然な変化が起こったことになる。アナの結果がエルサの行動を変容させるという、『進撃の巨人』で起こった飛越が二人の間で生じたことになる。この点もこのアニメーションの斬新なところである。しかし、動きの軽快さとその停滞が、不自然な変化を引き起こすという原理は、日本のものと共通している。

レット・イット・ゴー〜ありのままで〜

『アナと雪の女王』の主題歌「レット・イット・ゴー〜ありのままで〜」は、大ヒットし、日本の街のいたるところで松たか子やＭａｙ・Ｊの歌う声が聞かれた。子どもも大人も一緒になって歌っていた。どこがそれほど日本人の心を捉えたのであろうか。日本語の歌詞は、英語の直訳ではなく、まったく別の内容になっているのであるから、日本語歌詞に秘密があるに違いない。

「レット・イット・ゴー〜ありのままで〜」は、エルサが山奥に一人逃げ込んだ後に歌われる。雪山の天辺あたりにただエルサの足跡が残るだけの人跡未踏の場所である。歌詞をみてみると、その構造が感情の谷への落ち込みとそこからの脱出の物語になっていることがわかる。エルサの歌う歌詞をまとめてみると、雪が足跡を消してしまうような雪山に、全くの一人。傷つき、誰にも打ち明けられないでいたが、もうそれはやめた、という内容から始まる。このことは、言い換えれば、人に交われず、孤立し、悩んでいた自分がいて、その状態のまま雪山に一人いるということであるから感情の谷に落ち込んでいる。しかしこの認識から一転し、「ありのままで」と歌い出す。ここでは感情の停滞から解放への展開が起こっている。動きの軸で言えば鈍重から軽快に移行したことになる。

次に、エルサは、周囲の雪山に魔法を発揮し、美しい雪の結晶を煌めかせる。そして階段を作り上げる。そこを登り始めると、階段はドンドン先に延びて行き、しかも煌めいてゆく。「ありのままで」とさらに歌いながら階段をドンドン登ってゆく。本来、雪山の天辺に階段が出現することはあり得ないのであるが、エルサの魔法でそれが出現する。ありのままの自分を象徴するかのように。動きの軽快から不自然へシフトする。階段を昇りつめたところで、足を強く地面に踏みつけると、みるみる綺麗な床が出来上がり、天高く壁がせり上がり、氷の城が出来上がる。身に着けていたエルサの衣装は氷の結晶を集めた純白のものとなる。そしてエルサは「輝いていたい」と自身の決意を歌い上げる。そしてそれを象徴するかのようにベランダに出たエルサは、朝日を浴び光り輝く。そして城のドアを閉めて中に入り込む。感情の谷に落ち込んだエルサが、「ありのままで」と歌い、魔法を心ゆくまで開放させ、その結果として誰にもまねできないような城を作り上げ、誰も身に着けていないような光り輝く衣装を着けて、さらには陽光の中で光り輝く。

重くよどんだような暗く雪の積もった背景が、エルサの魔法と歌声によって、みるみる光り輝く城に変化し、しかもその城が陽光の中に浮かび上がる。陰から陽への鮮やかな転換がある。心を開放することで、エルサが示したような、奇跡が起こる。感情の谷を脱した後の悟りの境地が「輝いていたい」であり、それは非常に心地良いものなのだと、松たか子の歌と共にエルサの振る舞いと背景の鮮やかな変化の中に、観客が体感する。

日常生活には多くの制約がある。あれをしてはいけない、これをしてはいけない、といった多くのルールの中で生きている。それは当然のことなのだが、たまにはそうしたルールを心ゆくまで取っ払ってみたい。そうした願望をエルサの歌が叶えてくれた。そしてそうした願望の叶え方を「このままで」いいのだと奇跡を現出させることでアニメーション世界が保障してくれた。この展開に心地良さを感じ、感情移入してしまったのは、孤立したエルサが巨大な城の主になるという、現実から大きく飛越するその飛越感に拠っていたとみることができよう。

まとめ

『アナと雪の女王』をひとつ挙げただけで、アメリカのアニメーションに一般化するのには無理があるにしても、そこには共通の基盤がある。『アナと雪の女王』では日本人好みのキャラクターに、感情の谷を体験させた。しかし、主人公たちの行動はあくまでも活動的であり、直線的である。躊躇うことがなく、内向的なものではない。それは『ズートピア』の主人公にも共通しており、その他のディズニー・アニメーションでも同様である。主人公たちはひたすら活発で、活動的で、恐れを知らずに行動する。そうした主人公の行動に、ひたすらついてゆけば、アニメーションの最後にまで辿り着く。主人公の感情の谷に共感し、主人公の弱まった心を心配する必要はない。エルサのように、感情の谷に陥ったとしても、かえって自由になったと喜ぶくらいで、寂しさといったような負の感情を持たない。この点が、日本のアニメーションで描く感情の谷と根本的に異なるところである。とはいうものの、松たか子（Ｍａｙ・Ｊ）の歌う「レット・イット・ゴー〜ありのままで〜」の内容には、感情の谷への落ち込みと、そこからの脱出と、悟りの境地に至るという流れが、見事に歌いこまれていたとみることができる。

さらには動きの評価の軸の「鈍重－軽快」と「自然－不自然」の関係については、アナの行動に対応がよく出ていると思える。すなわちアナの行動が軽快の極みで頓挫し、停滞し、死に至ると、今度はそれがエルサに影響を与え、不自然な行動が起こる。それが愛の奇跡であった。アナとエルサの二人が陽と陰の関係にあると述べたが、陽のアナが陰、つまり停滞の極みに至ることで、陰であったエルサが陽を発動するという変化を示した。こうした活動性の変化から奇跡を招来することは日本のアニメーションの好みにつながる。日本で『アナと雪の女王』がヒットした理由の一つに、日本に馴染みの物語構造が内在していたためと思われる。

第八章

『レッドタートル ある島の物語』

はじめに

マイケル・デュドク・ドゥ・ヴィット監督の『レッドタートル　ある島の物語』は、第六九回カンヌ映画祭「ある視点」部門特別賞を受賞し、アカデミー賞長編アニメ映画賞にノミネートされ、スタジオジブリ作品として期待をもって二〇一六年に公開されたが、ヒットはしなかった。私は韓国のアニメーションの映画祭（IndieAnifest 2016）に参加している最中にこの作品の特別上映を観た。その際、観客の携帯をすべてスタッフが集め、その上で上映となった。何とも厳重な管理かと思ったものである。携帯は、上映後に返却された。

作品の特徴として台詞がないことがあげられ、キャラクターの顔の作りは、日本のアニメーションのもののように目が大きく、丸顔のかわいい特徴をもつというものではない。男は髭を蓄え、孤島での生活なので、衣服もぼろをまとっている。登場するキャラクターの顔は点のような目と尖った鼻が特徴で、髪が無ければ、区別がつかないほど似ている。そして海亀が登場する。日本のアニメーションの飛越の大きい作りからすると隔絶した感のある静かな作品となっている。それは、カメラが捉えるキャラクターが、ほとんどがかなり引いた位置にあり、風景の一部として存在するかのように描かれていることに由来する。顔のアップで、感情表出を強調することが少ないのである。

物語

本作は、海を一人漂流していた男が、孤島に流れ着くことから始まる。彼は島の中を探索し、水場を見つけ、岡の天辺から四方が海に取り囲まれているのを実見する。水場の近くに群生している竹藪から、朽ちた竹を集め、筏を作り、島からの脱出を試みる。海に出たところ、海の中から何者かの力が働いて筏が木っ端みじんに砕け散る。島に戻った彼は、すぐさまもっと頑丈な筏を作り上げ、海に乗り出す。しかし結果は同じで、何者かの力によって筏を破壊される。無力感に襲われた彼は、島に戻っても、何をする元気もなく、竹藪の中に横たわっている。気づくと海のほうが明るくなっている。気になって近づいてゆくと、カルテットによる演奏であった。手が触れそうな距離に近づくと消えてしまった。さらに遠くにカルテットが現れ、演奏している。元気を回復した彼は、さらに頑丈に筏を作り上げ、海に出てゆく。海に出て、気づくと、大きな赤い海亀が水面から顔を出し、見つめている。先に進もうとするとまたもや海底から突き上げる力が働く。そして筏が壊される。海に沈んだ彼は海亀が近づいてくるので、攻撃されるかと思う。彼は背中を丸めて防御の姿勢をとるが、海亀はそのまま去って行ってしまう。島に戻った彼が丘の天辺から海岸を見下ろしていると、海亀が上陸してきた。それを見つけた彼は、棒を拾って海岸へ走り降り、亀の頭を打ち据え、そして体を裏返して動けなくしてしまう。亀は動かなくなってしまった。

しばらくして亀の身体に割れ目ができ、女性に変身している。男は水を汲んできて女性に飲ませようとし、また枝を集めて身体を日陰に置くように屋根を作る。雨が降ってくる。男が戻ってくると、亀の甲羅だけが残され、女性の姿がない。探し回るが見当たらない。ようやく見つけ出した時、女は海の中で顔だけ出している。男が近づこうとすると首をすくめる。男は、シャツを脱いで、そこにおいて立ち去る。

こうして男と女の孤島での生活が始まる。子どもが誕生し、成長してゆく。子どもは、海を怖がらず、泳ぎを覚え、いつしか海亀たちと仲良く遊ぶようになる。子どもから青年に成長したころ、孤島は大津波に襲われる。無残にも破壊された島の景観。青年は両親を探し回り、脚を痛めた母親を探し当てるが、父親はいない。彼は海に泳ぎにでて父親を追いかける。途中海亀に助けられ、海を進んでゆくと、竹に体をあずけて漂流している父親を発見する。力尽きた父親が海に沈むと、海亀が沈む体を支え、青年が水面に父親を引っ張り上げる。父親と青年は、海亀の背におぶさって、島に戻ってくる。

青年は物思いに沈むようになる。寝ていると、海の波が盛り上がり静止している。その中に入り泳ぐ。島よりはるか高くなった水面に泳ぎ出て、海岸をみると両親が見上げている。父親が手を振るので青年はそれに手を振って答える。青年の見た夢であった。意を決した彼は両親に会う。両親は彼の想いを察し、寂しさもあるが、彼を送り出すことにする。海岸に出た青年を三匹の海亀が待っている。その中に飛び込んで、一緒になって、海のかなたに泳ぎ出てゆく。残された二人は年を重ねてゆく。男は、ある時死んでしまう。男の手に女の手が重なる。その女の手は赤い海亀のものに戻り、海亀は海を指して歩いて行き、海の中に消える。

感情の谷の欠如

以上の物語をみてわかるように、男が感情を高ぶらせるところは幾度かある。三度も筏で出かけることに失敗した時や海亀が上陸してきたところを打ち据える時など、激しい感情を体験している。カルテットの演奏を幻視したり、海亀が女に変身したりするのを見るといった体験ももつ。それらの体験は、通常の精神状態からすれば、異常な体験と考えられるが、物語の進展からすれば、その体験も含め日常のレベルでのものに終始する。特に、亀が変身してしまった女に対する男の心遣いは、海亀に怒りをぶつけた後であるので、意外なものですらある。女の身体をいたわるように水をすくって口に含ませたり、日覆いを作り日陰を作ったりしている。海の中の彼女が、海から出られないのは裸を見られたくないのだと察知し、上着を脱いでそこにおいておく配慮もする。というのも、女の姿が見えなくなって探し回るときにはシャツを着ていないで上半身裸であるのにもかかわらず、海で女を見出すときにはシャツを着ている。女への敬意の表れが顕著である。

無人島で男と女だけの存在になっても、男は女に対し、いきなり接近するというわけではない。ここで日本のアニメーションを想像してみるとすると、こうした場面でどうなるであろうか。男は女を見つけた喜びで、勇んで海に飛び込み、喜びを爆発させて女に抱き着くといったようになるのではなかろうか。そして女も同様に男の喜びを、歓喜をもって迎え入れるというように。男の女を見出した喜びが、そのまま女のほうの喜びでもあるかのように、そして二人の心が結ばれたように描くのではなかろうか。しかしこの作品では、女の羞恥心を男が察し、裸身を覆うためのシャツをおいて立ち去るのである。女への気遣いが行き届いている。適度の距離を置き、徐々に二人が接近するように進める。

それはそうであろうと思う。女の立場に立てば、海亀から女に変身したのであるから、そのこと自体が負担な体験であろうし、そのうえ男に打ち据えられていたのである。海亀だった女が、男が海に出ていく筏を三度も破壊した。これは女の男への好意の表れであり、島に押しとどめておきたかったものと理解もできる。しかしその行為は男を絶望へと導いたのも確かである。両者には感情のわだかまりがあった。この感情の整理のためにも、一気に心がつながるはずがない。お互いが安全な距離を模索するはずである。その触れ合いの機微が、実に繊細である。異常状況下での男女の出会いであるからこそ、普通の男女の出会いの典型となり得ているのであろう。つまり、誰もが体験する男女の出会いの典型となっているのであり、日本のアニメーションのように感情の谷に落ち込んで、心の病を体験し、それを脱することで成長する、というものとは全く違っている。

青年になった子どもについてもみてみたい。彼も、旅立ちを考え始めるときに、一人閉じこもりがちになる。日本のアニメーションで描かれる主人公たちの年代も、旅立ちを迎えた青年たちが多い。この作品の青年も、夢の中で、海に潜って泳ぐ夢を見る。高波のようになって静止している海に飛び込むのであるから、現実が大きく歪んでいる夢である。しかしその夢では青年は父と手を振りあっている。父が子どもにさよならをしているようにみえる。子どもの旅立ちを当然のこととして、受け入れている。青年は、夢の中で別れをイメージしてから両親に旅立ちを切り出し、そして両親に見送られながら、旅立ちをする。青年の旅立ちとしては理想の姿であろう。ここでも青年は、心の奥底に沈潜するように一人になり夢を見るのであるが、それを超えて悟りに至るような感情の谷の中に落ち込むわけではない。青年期の独り立ちのテーマを、そして仲間に迎えられるテーマを、徐々に成し遂げてゆく。青年期のテーマを孤島という虚飾を排した単純化された状況の中で描くことで、万人に共通した典型的なものとして描くことに成功している。

以上のように男女の出会い、成長、子どもの独り立ち、そして死という生涯の出来事を、孤島での孤立した家族生活の中で描くことで、人間の典型的なものを表している稀有な作品とみることができる。短い時間の中で人の一生を圧縮して見せるには、孤島という限られた世界は最適なものであったし、台詞がないことも、人生の機微をじっくり見せ、その場面に立ち会うのには相応しいものと評価できる。

しかし作品の出来の良いことと、作品のヒットとは、残念ながら結びついていなかった。

レッドタートル

表題にあるレッドタートルは赤い海亀ということである。赤い海亀ということであるので他の海亀と比べると特殊な色をしていることになる。この特殊さが、このアニメーションの特徴である。というのも特殊な海亀であるので、姿が女に変わるという奇跡が生じる素地があることを知らしめる。神話的世界に馴染みやすいのである。その神話的世界に相応しく海亀が女に姿を変えるという奇跡が起こる。その海亀が女に姿を変えるということは、並大抵の決断ではない、とも思える。

そもそもその決断は、男が孤島から海に筏で漕ぎだしたのを三度阻止したことにまずは現れている。海亀が男の離島を阻止したのであるから、そこには何か感情的なこだわりがあったとみることができよう。通常の考えであれば、先述のように、海亀がこの男に恋をしたのである。三度阻止したあとで海亀は陸に上がって、男に頭を棒で殴られ、裏返しにされてしまう。こうした仕返しは、海亀は当然想定したであろうが、それでもあえて陸に上がったのであるから、この決断も並大抵なものではない。そして動かなくなった。つまり海亀としての死である。それが女として再生するための重要な道筋であったかのようである。女性が、成熟した女になるためには、ここで示したような死と再生の劇的な出来事が必要だということなのであろう。その際に、そのきっかけとなるのが恋なのである。

裏返された海亀が動かなくなってしまった後で、男は、自身の行為を後悔しはじめる。男の後悔を強める背景として、孤島で男が示した蟹に対する行為を挙げておかなければならないだろう。男が孤島で筏づくりをする際に、最初は八匹の蟹が彼の行為を見ている。果物を食べているときも彼を見ているので、彼は一部を切り取って、蟹に与える。また筏で乗り出すときには4匹の蟹が乗船しており、男は彼らを海に帰す。蟹の数が徐々に少なくなってゆくのは、他の生き物に捕食されたことを暗示しており、食物連鎖の中に男がいることを暗示している。それはともかく、男が蟹との間で、いくばくかの交流をしていたことがあった。男は、蟹と交流せざるを得ないほど孤独であった。こうした時に海亀が登場したのであるから、彼は孤独感をさらに強められたことであろう。そのため男は動かなくなった海亀に海の水を掬ってかけることを繰り返す。しかし全く動かない。夜、男は夢を見る。裏返ったままの海亀が空へ浮き上がってゆき、彼一人が地上に取り残される。また孤独になることを暗示している。目覚めた彼は、必死に祈る。しかしいつしか眠ってしまっていた。割れる音がする。驚いて見ると甲羅が割れている。不思議なことがあるものである。海のほうを見ていて、視線を戻すと、さらに驚いたことに、海亀は女に変身していた。こうした経緯を見ると、女の行為は、まことに危ない綱渡りということになる。男が海亀に関心を示さなければ、そのまま死んでいた。しかし、海亀の持っている感受性は鋭かった。そうとはならなかったのである。そこから男は、女に対して水を飲ませるようにしたり、日陰を作ったりするのは先述した。

その後、男が気づいた時には女は消えていた。探し回って疲れ切った男は浜辺で眠ってしまって、目覚めたときに、海の中にいる女を発見した。その時に、彼は、シャツを脱いで、海岸に置いたのであった。このことも先に触れた。男は竹林に身を隠し、しばらくして海岸に出てくると女はまたもや消えている。女を探すために丘の上に行って目を凝らすと、女が脱ぎ捨てた甲羅を押して海のほうへ向かっている。それに気づいた男に、女も気づき、遠くの二人の視線が交わる。男が急いで駆け降りると、女は海に甲羅を浮かべて沖に流すところであった。そして男から離れて岸に上がった。男はそれを見ていて、逡巡するが、決意して、裏返しにした海亀を置いたままにしていた時に作りかけていた筏を海に浮かべ、それを沖に持って行き、女の甲羅と同様に沖に流した。男と女が同様な決意をした。女は海亀であるのを辞め、男は島から離れるのを辞めた。

筏を流した男がそのまま海の中に潜っていた時に、女が潜ってやってきて一緒に泳ぐ。そして男を誘って、海辺で貝を拾って自ら食べた後、男に貝の身を食べさせる。食事を共にする。その時、男は海亀の頭を棒で叩いたことを思い出す。その躊躇いに気づいたのか、女は男の顔を手で触ってみる。そして女が先に立って、島の奥へ行く。ついて行った男は、追いついて、女に触れる。やっとここに来て二人が触れ合う。そして二人は空中を回転しながら浮遊する。二人の恋は何物にも代えがたい体験、身体が浮遊するほどの至高体験であった。以上に示したように、男と女の交流には、慎重な配慮が必要だということをこのアニメーションは実に繊細にしかも象徴的に示している。

繰り返しになるが恋のプロセスを再度見てみたい。赤い海亀が、男の離島の試みを三度阻止する。三度というのがみそである。その間に男は絶望に陥り、諦めかけ、カルテットの音楽を聴くといった異常な状態にまで陥っているからである。それでもなお男は筏で海に出て行ったのであるから、相当な決意である。その相当の決意を引き止めるものは並大抵のものではない。海亀は筏を破壊するほど力を持っているのであるから、海の中に放り込まれた男はその海亀の接近に身体をまるめて防御の姿勢をとるのは当然である。襲われる恐怖を持ったことであろう。しかし海亀は何もせず去ってゆく。こうしたことがあった後で海亀が島に上陸してきたわけであるから、やはりそこにも並大抵の決意ではないものがある。男の激しい怒りを引き受けることを海亀は受容する。何の抵抗も示さず、男に打ち据えられ、裏返され、動けなくなり、放置される。つまり海亀という異生物が、男に死の恐怖を味わわせ、また激しい怒りも発露させた。そうした強い感情が過ぎ去って、男は、海亀に同情し、済まないことをしたと切に思う。このことは男の感情面での反転が起こったことを示している。つまり恐怖や怒りといった負の感情から、同情といった正の感情への転換が生じた。この意味では男も心理的に死と再生を体験したことになる。

こうして男の願いが通じたかのように海亀が女に変身して目の前に現れる。しかしまだ女は動かない。そのため男は、女のためにかいがいしく尽くす。そしてある時忽然と姿を消す。探し回る男をよそに女は姿を隠したままである。寝て起きた時に、女の姿が目に入り、女に衣服を与える。その衣服を身に着けた女は海亀の甲羅を海に流す。男は、作りかけの筏をやはり海に流す。つまり女が人間になるには、男の献身が必要であり、女の不在に男が耐えがたくなり、女が失うものと同等のものを失わなければならなかった。女にとって海亀としての生を終わりにすることであり、人間になるためには男から甲羅に代わる衣服を与えられなければならなかった。恋の成就には、このように少女としての死と一人前の女としての誕生が必要であったということであろうし、男からすれば、島を離れるという強い願望を諦めることが必要だった。そこに至るまでには、海の中で海亀に襲われるという恐怖を体験し、陸上では海亀を殺すほどの激しい怒りを発散させ、その怒りを鎮め、同情から、その不在の苦しみを味わい、女への繊細な心遣いを示し、筏を沖に流した後で、海の中で女と出会う必要があった。海亀に襲われる恐怖を味わった海の中でこそ、二人の遊泳が、言語に依らない行動による語らいをもたらした。これが済んだ後で共に食事した。ここでもさらに躊躇いが生じる。それは海亀を打ち据えた記憶である。それを晴らすのは女の振る舞いであった。こうしたことがあって、やっと体を寄せ合うことが出来たのである。くどいような表現になったが、それほど繊細な恋の表現は、アニメーションの中では稀有なものであろう。恋の物語の典型となっている。

まとめ

『レッドタートル ある島の物語』は、稀に見る繊細さをもった良質のアニメーションである。普遍的な物語を持った作品である。

しかしヒットしなかった。

本書で紹介したように日本のヒット作は感情の谷に落ち込んでそこから脱出することを描き、その感情の谷が、日常にかなり接したものとなっており、日常と行き来が容易なレベルになっていることで、観客が容易にその世界にのめり込めるようになっている特徴がある。こうした日本のアニメーションの動向は、『アナと雪の女王』にも共通したものであるが、『レッドター

トル　ある島の物語』にはそのような感情の谷は作られていない。さらに日本のアニメーションの動きは、一時過剰の極みまで行きついて、そこから不自然なものに飛越するのを常としている。そうした飛越感が、観客の興味関心を引きつけている。しかし『レッドタートル　ある島の物語』にはそうした動きの飛越感は全くない。徹底的に動きのリアルさを追求している。

男が子どもの成長を実感したのはどのような時であったろうか。それは津波によって、島が飲み込まれ、島から遠く流されて、その彼を子どもが海亀の助けを借りながらも、助けに来た時であろう。肩を支えられながら上陸した男は、弱弱しくなっていた。

『レッドタートル　ある島の物語』における感情の交流は手と手を重ねることで行われる。旅立ちを決意した息子の手に母が手を重ねると、息子は自分の手を今度は母の手に重ねる。両者がいたわりあっているようである。息子が旅立った後、横になっている男は、女の髪の毛を掻き揚げると、女はその手を胸に抱く。男は女により近く寄り添う。年老いた二人は腕を取りながら歩いている。そして、男が亡くなった時、男の手に女が手を重ねて横になって、そのまま女は亀に変身する。こうした手を合わせる行為によって、心を繋いでいるのであり、日本のアニメーションのように以心伝心というわけにはいかない。日々の心の繋がりが、こうした手の触れ合いに現れており、夫婦の密な関係が出来上がってゆく。日常の気遣いが成熟した夫婦の間でも必要だということである。

男が亡くなる時、夜の海の水面近くの満月を眺めている。そして静かに目を閉じる。島を出て行くという、果たせなかった願望を、一人思い出していたかのようである。しばらくして目覚めた女は、男の死に気づき、動揺する。しかし男を抱き寄せるわけではなく、男の手を取って顔を伏せる。激情を吐き出すわけではない。明るくなって海に入って、全身を海につからせた後で、男の傍らでしばらく座り込んで海を見ている。そしておもむろに身体を横たえる。そして、右記のように、男の手に自分の手を合わせた。ここで描かれていることは、死の瞬間は、あくまで一人であるということである。隣に女がいても、男は一人静かに去ってゆく。自分に彼女の関心を集めようとはしない。二人であっても、そこにはいくばくかの孤独が内在している。それは尊重されるべきものである。そして亡くなった男に対して女は、手を重ねて最後の挨拶をして、海亀に戻り、海に戻ってゆく。男の肉体を、島の自然の摂理に任せる。そこには女の感傷はなく、死への尊厳があるのみである。

終章　アニメーションの力

これまで大ヒットアニメーションを中心に見てきたところ、そこには感情の谷と動きの飛越があることが明らかになった。感情の谷は、日本のアニメーション作品には馴染みのもので、歴史的に見て、心の混乱を好んで描く傾向によって知られてきたものである。しかし、最近の大ヒットアニメーションでは、心の混乱が強調されるのではなく、それが存在しないかのように軽やかなように描き、不思議体験を楽しみとして享受する。

『君の名は。』に見られるように、男女の身体の入れ替わり現象も、本人たちにとっては、軽いノリの娯楽であった。そうした悲壮感のなさが、今の観客にとっては、受け入れやすいものとなっているようである。『この世界の片隅に』においても、戦争の時代の息苦しさは、主人公の抱える現実に馴染めない感覚によって薄らぎ、かえって観客は主人公の行動に軽やかさを感じてしまう。どんな苦難にも、楽しみはある、と楽天的にならせてくれる。現実の悲惨さを、心理的レベルで、それでも楽しいものがあるという方向に変えてくれる。そうした軽妙さに、観客は、魅かれているのであろう。

ここで示したようなことは、アニメーションが、絵が動くことによって表現される媒体であることに大きく拠っている。どんな悲惨な体験であったとしても、絵に描けることには限界があり、また描き手自身の抽象化が必ず起こって来る。描き手が受け入れられなければ、またその対象を好きにならなければ、基本的には良い動きは作れないであろう。とするならば、アニメーションの宿命として、現実の陰惨さをそのままリアルに描くことは不可能になる。そのため、たとえ原爆の被爆体験であっても、ある程度オブラートに包まれた描き方になる。『この世界の片隅に』において原爆の被爆者が描かれているが、それは一般観客には比較的受け入れやすいものとなっている。被爆体験が、それほど陰惨にならないのはアニメーションが絵で描かれている媒体であることが大きいであろう。

その一方で、アニメーションは、想像世界には入りやすいようである。『君の名は。』で、三葉の臨死体験を瀧が追体験したように、あるいは『この世界の片隅に』で、腕を失ってしまって、意識の回復する過程で断片的な映像を目にしたように、心の中の体験を描くことが容易くなる。そうした心の中を描くことが、日本のアニメーションの大きな特徴の一つである。観客は主人公の心の中の状態を、そうした映像を手掛かりに容易く想像できる。

ここで『レッドタートル　ある島の物語』と本書で扱った最近の大ヒットアニメーションを比較してみたい。そこには大きな差異があるのに気づく。それは、『レッドタートル　ある島の物語』が初めての出会いがいかに大変な作業を経ないと成り立たないものなのかを象徴的に示しているのに対し、『進撃の巨人』『君の名は。』『この世界の片隅に』『アナと雪の女王』のいずれにおいても、すでに出会いは済んでいるということである。『進撃の巨人』では、主人公のエレン・イェーガーは、ミカサ・アッカーマン、アルミン・アルレルトとは幼い日から友だちであり、エレンが巨人になった時、意識に働きかけたのがアルミンであり、ミカサの戦う気力を奮い立たせたのがエレンとの記憶であった。つまり、もともと結ばれていた心の絆が危機においてより強く結ばれてゆく様子が描かれていた。『君の名は。』の三葉と瀧とは身体を交換し合った中であり、お互いに身体を通して知り合っている。その知り合った同士が、再会を果たす。つまり、知り合い同士であったものが、関係が切れそうになり、感情の谷の中で再会し、より深く心の絆が強まってゆく。新たな心の絆の構築が語られているわけではない。『この世界の片隅に』では、すずさんは、幼いころに一度会っただけの周作に結婚を申し込まれ、結婚した。つまり結婚が済んでからの関係が語られた。ここでも新しい関係を築くことがテーマになっているわけではなく、すでに構築された心の絆がより強くなるように語られる。『アナと雪の女王』では、アナとエルサは姉妹であり、幼い時に仲良く遊んだ記憶がある。その仲良く遊んだ二人が、お互いに気遣いながら、仲良くなれないでいることが語られる。つまりここで取り上げた大ヒットアニメーションは、既に結ばれた心の絆が、感情の谷に落ちて、細くなり、あるいは切れそうになって、再度より強く結び直されるプロセスを、場合によっては奇跡を見せながら、描く。心の繋がりが、より強固になることが、最終的な結果なのである。

こうしてみると日本でヒットしたアニメーションは、新しい関係を構築することの困難さを描くことよりは、構築された絆を、再構築することを詳細に描くことに関心があると言えそうである。新しい関係を作ることには、見るに堪えない緊張が伴うので、それは見たくないが、絆ができてしまっていれば、安心して見ていられるということなのであろう。

筆者の専門とする、臨床心理学における心の問題を抱える人をカウンセラーが支えるという事態は、構築された対人関係のもつれを紐解いて、再構築することを通して心の問題に対応しているように思う。新たな関係を作ることよりも、すでにある関係の中に心の問題が潜在しているのである。仲間が大事とアニメーションでは語るが、信頼できる仲間に相当するものが臨床現場ではカウンセラーであったりする。どのような心の状態にある主人公であっても、無条件に支える友人は、臨床現場のカウンセラーの担う役割を持っているといえそうである。

右記は、心の絆の再構築が、日本での大ヒットにかかわっているようだと述べたわけであるが、その心の絆の再構築において注目されるのは「喪失」ということである。『進撃の巨人』のエレンは巨人に足を食われてしまい、果てには自身も食われてしまう。エレンは完全に戦闘能力を喪失したのである。戦闘能力の喪失を補うのが巨人への変身であった。『君の名は。』では相手の記憶を喪失した。記憶は喪失してもなお、大切な人という思いは残り、その人であるという思いもさらに喪失し、大切な何か、となってゆく。そうした喪失を経て、瀧が三葉を見つけた時に、大切な何かが人であり、三葉という女性であったことが想起される。『この世界の片隅に』では右手を喪失して、右手が行っていた絵を描くと言う表現行為ができなくなり、代わりに言語で意思が伝えられるようになる。『アナと雪の女王』では魔力の統制に失敗したために国を喪失し、山奥に逃れた。しかし結局アナの姉を思う心によって魔力を統制できるようになった。これらいずれの作品でも、喪失体験があって、それを越えて新たな段階に至る、というのが共通のプロセスなのである。新たな段階とは、人格の成長であり、より大きな人格の段階に達することである（『アナと雪の女王』ではそれまで受け入れられないままでいたありのままの自分の受容があった）。そこには苦難を越えることで人としての成長がある、という人間への基本的な信頼感がある。つまり、人は信頼に足り得る、と語るアニメーションに日本の観客が魅かれる、と結論づけられよう。

おわりに

アニメーションと心理学について、最近、公益社団法人日本心理学会の公開シンポジウムで「アニメの心理学」を企画し、大好評であった。このシンポジウムの特徴は、アニメ業界の人と心理学の研究者が同じ場で討論するということであり、こうした企画が日本心理学会の公開シンポの形で一般の人たちに強い関心をもって受け入れられたことをたいへん嬉しく思う。

こうしたシンポジウムを企画し、私自身は、アニメと心理学の両者を総合した本を作りたいと思うようになった。もともと私は日本大学芸術学部映画学科の映像コースでアニメーションを学び、作りたいと思っていたが、そこから方向転換し、映画を心理学的に解明したいと考え大学院で心理学を学んだ。当時は認知心理学を学んでいたが、その後方向転換し臨床心理学を専門とするようになった。こうした経緯から、映画を心理学的に解明するという当初の思いが、アニメを説明する理論を作りあげるということに変化し、その際に応用したのが臨床心理学での体験で、提示されたのが「感情の谷」理論であった。ここまで至るのに、映画から心理学に方向転換して四〇年経過している。長い道のりであったが、当初の、映画（アニメ）を解明する心理学理論を提示するという願いはここでひとまず達成されたことになる。

ここに至るまでには多くの人の援助を賜った。片渕須直監督とは話をする機会が度々あり、アニメを監督する在り方に刺激を受け、またアニメーターの安藤雅司さんとも話をする機会が幾度かありアニメーターの姿勢を教えられた。こういう人たちとの対話が、本書を、膨らみのあるものにしてくれたと思う。こうした縁で、片渕須直監督と安藤雅司さんのお二人にはお忙しい中、本の帯にコメントを頂くことができた。そもそも片渕須直監督、安藤雅司さん、そして私の共通の師匠である池田宏先生の教えを受けなければ、こうした本の成立そのものがあり得なかったと思う。編集の森光佑有さんには、細かく文章を読んで頂き、読みやすい体裁に整えて頂いた。その他にも多くの人の援助を賜った。そうした皆様に感謝したい。

二〇一七年　八月

横田 正夫

著者紹介

横田正夫（よこた　まさお）

1954 年、埼玉県生まれ。1976 年に日本大学芸術学部映画学科卒業後、同大学大学院文学研究科心理学専攻博士前期課程修了、博士後期課程満期退学。その後、群馬大学医学部精神医学教室に勤務し、統合失調症の認知障害の研究を行う。1991 年に日本大学文理学部心理学科に専任講師として就職し、同大学助教授、日本アニメーション学会会長などを歴任。現在は日本大学文理学部心理学科教授、公益社団法人日本心理学会理事長。医学博士、博士（心理学）。著書は『アニメーションの臨床心理学』（誠信書房）、『日韓アニメーションの心理分析』（臨川書店）、『アニメーションとライフサイクルの心理学』（臨川書店）、『メディアから読み解く臨床心理学』（サイエンス社）、『アニメーションの事典』（共編・朝倉書店）、など。

新曜社

大ヒットアニメで語る心理学

「感情の谷」から解き明かす日本アニメの特質

初版第 1 刷発行　2017年 9 月25日

著　者　横田正夫

発行者　塩浦　暲

発行所　株式会社　新曜社

101-0051　東京都千代田区神田神保町 3 − 9

電話（03）3264-4973（代）・FAX（03）3239-2958

e-mail : info@shin-yo-sha.co.jp

URL : http://www.shin-yo-sha.co.jp

組版所　Katzen House

印　刷　星野精版印刷

製　本　イマヰ製本所

ISBN978-4-7885-1542-0　C0011